지구를 위한 소비 수업

지구를 위한 소비 수업

결제 버튼을 누르기 전에 알아야 할 환경 이야기

선보라·전진현·최혜연 지음
대안사회교사모임 기획

지속가능한 지구를 위한 소비

여러분은 어제 어떤 상품을 소비했나요? 친구들과 맛있는 떡볶이를 사 먹은 사람도 있을 테고, 오랜만에 옷이나 전자제품을 구입한 사람도 있겠지요. 우리는 평생 무언가를 소비하면서 살아갑니다. 그건 음식이기도 하고, 옷이기도 하고, 때로는 수업과 같이 누군가 제공하는 서비스이기도 합니다. 소비는 우리 삶과 분리될 수 없지요. 그런데 소비란 무엇일까요? '소비(消費)'라는 말에는 '사라지다', '소모하다'라는 뜻이 담겨 있습니다. 무언가를 써서 없애 버리는 것이 소비지요.

하지만 그 과정에서 사라지지 않고 남는 것이 있습니다. 어떠한 상품을 생산하고 폐기하는 과정에서는 흔적이 남기 마련이니까요. 그 흔적은 우리가 지구상에서 사라진 다음에도 남아 있을 것입니다. 박물관에 가면 과거 사람들이 소비했던 물건들이 전시된 것을 볼 수 있습니다. 먹었던 음식의 흔적, 썼던 기구와 옷가지 등을 보면서 그 시기에 사람들이 어떻게 살았는지 상상해 볼 수 있어요. 소비의 역사는 사람이 살아가는 방식을 그대로 반영할 뿐만 아니라 당시 사람들의 가치관과 세계관을 드러냅니다.

계급이 있던 시기에는 소비하는 물품으로 신분을 가늠할 수 있었습니다. 개인의 성향이나 기호가 아니라 신분이 소비에 가장 많은 영향을 끼친 시기였지요. 또한 물자가 귀하던 시절이라 소비할 때 선택의 폭이 넓지 않았습니다. 상류층을 제외하면 일반인들의 장바구니에는 주로 생필품이 들어 있었고 소비로 개인의 가치관을 드러내기에는 한계가 있었어요.

증기의 힘으로 기계를 움직이게 한 산업혁명은 소비의 역사에서 굉장히 중요한 사건입니다. 기계는 에너지만 공급한다면 지치지 않고 온종일 빠른 속도로 물건을 생산해 냈습니다. 대량생산으로 저렴한 물자 공급이 가능해지자 많은 사람이 소비의 즐거움을 맛볼 수 있었어요. 물자가 넘쳐나는 와중에 개인의 경제력과 취향을 드러내기 위해 더 비싸고, 특이하고, 희소한 상품을 찾아 과시적 소비를 하는 사람도 생겨났어요. 이제 소비는 단순히 생활을 유지하기 위한 것이 아니라 개성과 문화를 드러내는 수단이 되었습니다.

값을 지불할 수만 있다면 누구든지 무엇이든 소비할 수 있는 시대가 되면서 소비는 개인적인 행위를 넘어 사회적 영향력을 만드는 힘을 가지게 되었습니다. 각자의 취향과 관심으로 상품을 선택하고 소비하는 일이 더 이상 개인의 일상에만 머물지 않게 된 것입니다. 한 사람 한 사람의 소비가 모여 사회적·정치적 힘을 발휘하기도 합니다.

1800년대에 들어서자 영국에서는 그전까지 사치품이던 설탕이 누구나 살 수 있는 상품이 되었습니다. 값싼 노예노동력으로 인해 가격이 하락했기 때문입니다. 당시 영국에는 식민지에서 들여온 상품들이 넘쳐났고, 사람들은 설탕이 노예무역의 결과물이란 사실을 대부분 알고 있었어요. 결국 노예노동으로 생산된 서인도산 설탕을 불매하는 운동이 일어났고 이는 노예제 폐지 여론에 큰 영향을 미치게 됩니다. 이 운동은 최초의 윤리적 소비 운동이라고 할 수 있어요. 개인의 일상적 행위였던 소비가 어떻게 사회와 정치를 움직일 수 있는지 보여 준 중요한 사건이지요.

나라의 경제가 어려울 때 소비로 힘을 모으기도 합니다. 1997년 우리나라는 국가부도를 인정하고 국제통화기금(IMF)으로부터 구제금융을 받게 됩니다. 그 결과 기업이 파산하고 대량 실업 사태가 발생하면서 경제적으로 매우 힘든 상황을 겪었습니다. 이에 국민들은 '국산품 애용 운동'으로 소비의 힘을 모았어요. 같은 제품이라면 국내 기업의 상품을 소비해 경제적 위기를 함께 극복하려 했던 것입니다.

최근에는 소비 행위를 통해 목소리를 내는 것이 더욱 자연스러워졌지요. 이제 기업이나 가게 들은 이윤을 얻기 위해 소비자들이 추구하는 가치와 요구에 귀를 기울이지 않으면 안 됩니다. 소비자들은 공정무역 운동이나 불매운동과 같이 소비의 힘을 모아 생산·유통 과정의 문제를 지적해 긍정적 변화를 만들어 내기도 합니다. 양심적으로 장사하는 착한 가게를 SNS에 소개하고 많은 사람이 그 가게의 물건을 집중적으로 소비하는 이른바 '돈쭐(돈과 혼쭐이 합쳐진 신조어) 내기'는 소비가 단순히 무언가를 소모해 없애는 행위로 끝나는 것이 아니라 추구하는 가치에 따라 영향력을 행사하는 일임을 보여 줍니다. 물론 소비의 힘을 잘못 사용하면 피해 보는 업체가 생길 수 있으니 항상 신중하게 생각하고 행동해야 하겠지요.

소비는 사소한 개인적 행동이지만 그 결과는 개인의 삶에만 머물지 않습니다. 소비가 모여 삶을, 사회를, 그리고 환경을 구성합니다. 앞으로 100년 뒤 지구에서 살아갈 미래의 지구인들은 우리가 사는 이 시대의 소비를 어떻게 평가할까요? 산업혁명 이후 지속된 물질적 풍요의 정점에서 기후위기를 몸소 체험하고 있는 21세기를 말이에요.

지구온난화로 인한 급격한 기후변화뿐 아니라 지구 위에서 살아가는 생물의 숫자가 점차 줄어드는 생물다양성 위기까지, 지구 생태계가 심각하게 위협받고 있는 지금 우리는 어떤 가치를 생각하며 소비를 해야 할까요? 이 책에서는 지속가능한 지구 환경을 위해 우리가 할 수 있는, 작지만 강한 소비 실천들에 관해 이야기해 보려고 합니다. 소비는 모이면 강력한 힘을 발휘합니다. 이제 그 힘이 환경을 위해 어떻게 쓰일 수 있는지 함께 살펴보도록 해요.

차례

3장.

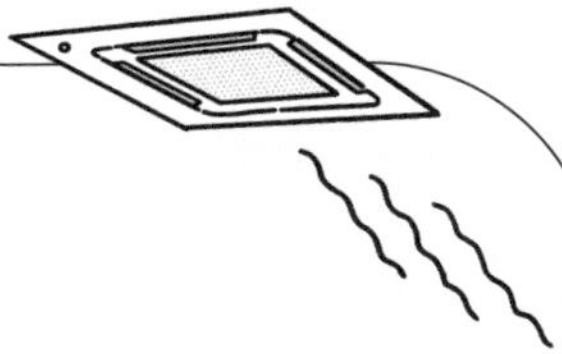

이제는 화석연료에 꽂힌 플러그를 뽑을 시간

4장.

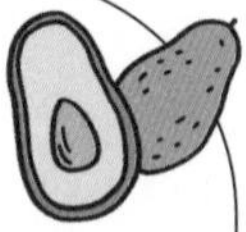

아보카도 샌드위치가 지구를 메마르게 한다고?

5장。

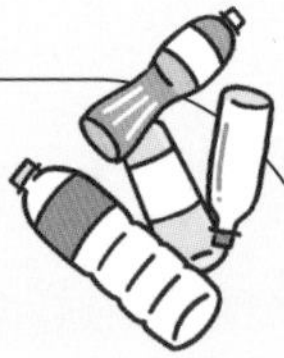

플라스틱, 골칫덩이에서 새로운 자원으로

6장。

자동차가 멈추면 지구가 숨 쉰다

7장。

화려한 패션이 지구에 남긴 그림자

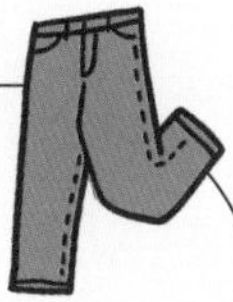

8장。

택배 상자가 전국을 오가는 사이

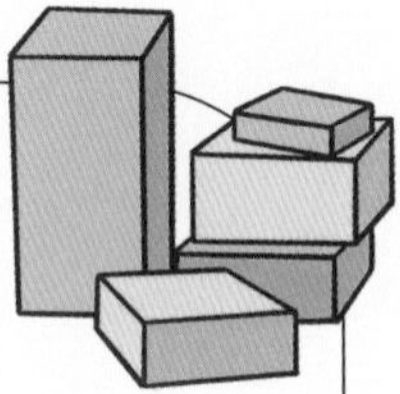

1장

스마트폰, 빛나는 화면 뒤에 가려진 진실

#전자_쓰레기 #쓰레기_수출 #바젤협약 #콜탄 #분쟁_광물 #희토류 #수리할_권리

알람이 세 번 울리고 나서야 지우는 손을 더듬어 스마트폰을 찾았다. 매일 듣는 지겨운 소리에 짜증을 내며 알람을 껐다. 침대에서 뒤척이다가 정신을 조금 차린 지우는 다시 스마트폰을 손에 들었다. 아침에 일어나자마자 지우가 하는 일은 인스턴트 메시지와 SNS 확인. 새로 온 메시지를 빠르게 확인하고 SNS에 올라온 소식을 손가락을 위아래로 움직이며 훑는 동안 무겁던 눈꺼풀이 점점 가벼워졌다.

지우는 요즘 스마트폰을 바꾸고 싶다. 이미 2년 넘게 쓰기도 했고, 친구들이 새로 산 스마트폰을 보면 부럽기 때문이다. 고장 나지 않아서 사용하기에 불편하지는 않지만 언젠가부터 주변 친구들이 하나둘 새 스마트폰으로 바꾸는 걸 보니 지금 쓰는 것에 싫증이 났다. TV를 틀면 최신형 스마트폰 광고만 보이고, SNS를 하는 동안 뜨는 배너 광고에서도 스마트폰 광고에만 눈길이 간다.

'어떤 모델을 살까? 이번 생일에는 꼭 새 스마트폰을 사 달라고 해야지! 사진을 많이 찍으니까 카메라가 좋아야 하고, 동영상도 자주 보니까 해상도도 높고 화면도 큰 게 좋겠지? 그리고 색깔은 깔끔하게 하얀색으로 해야지!'

NEW
구입하기

스마트폰을 바꾸고 싶어!

소지품 중 손길이 가장 많이 가는 것을 고르라면 아마도 대부분 스마트폰을 꼽을 거예요. 버스를 타고 이동하거나 밥을 먹을 때, 심지어 친구를 만났을 때도 스마트폰은 손에서 떨어질 새가 없습니다. 이제 스마트폰 없는 일상은 상상하기 어려울 정도지요.

2021년 한국지능정보사회진흥원의 〈인터넷 이용 실태조사〉에 따르면, 만 6세 이상 인구의 95.7%가 스마트폰을 보유하고 있다고 합니다. 특히 6세 이상 19세 미만 아동·청소년의 경우 2020년 94.7%였던 보유율이 2021년 99.1%로 크게 늘었어요. 코로나19로 온라인 학습이 널리 이루어지면서 스마트폰 보급도 함께 늘어났음을 알 수 있습니다. 또한 인터넷 이용자의 99.9%가 스마트폰을 보유하고 있다고 하니 스마트폰은 이제 단순한

휴대전화 기능을 넘어 언제 어디에서나 정보에 접근하고 타인과 소통할 수 있게 하는, 세상을 향한 창구라고 할 수 있겠네요.

우리가 스마트폰으로 길 찾기, 배달 음식 주문하기, 친구와 대화하기 등 다양한 일을 할 수 있는 것은 응용 프로그램인 애플리케이션 덕분입니다. 여러분의 스마트폰에는 어떤 애플리케이션이 설치되어 있나요? 또 그 가운데 가장 많이 사용하는 것은 무엇인가요? 위의 통계 자료에 따르면 만 12세 이상 스마트폰 사용자들이 주로 이용하는 애플리케이션은 채팅·SNS 등 커뮤니케이션이 71.2%로 가장 많고, 그다음으로 뉴스·날씨 정보(57.6%), 사진·동영상(촬영 및 편집)(53.6%), 음악·미디어(동영상 포함)·전자책·웹툰 이용(44.9%), 게임(14.7%) 순이라고 해요. 많은 이용자가 커뮤니케이션을 위해 스마트폰을 사용하고 있군요. 여러분도 그런가요?

만약 하루 동안 스마트폰을 쓰지 못한다면 어떨까요? 아마 세상과 동떨어진 느낌을 받을 거예요. 스마트폰을 깜박해 집에 두고 외출했을 때 종종 경험하는 이런 느낌은 스마트폰이 소통 창구 역할을 하고 있음을 말해 줍니다. 우리는 스마트폰을 통해 관계를 이어나가고 새로운 사람과 만나고 관심사를 공유하는 것이 자연스러운 시대에 살고 있습니다.

90% 넘는 사람들이 이미 가지고 있으니 스마트폰의 생산

다양한 스마트폰들. 매년 전 세계에서 약 14억 대의 스마트폰이 새롭게 출시된다.

량이 줄었을까요? 아닙니다. 시장조사회사 카운터포인트리서치에 따르면 2021년 전 세계 스마트폰 출하량은 13억 9,000만 대였습니다. 코로나19 대유행 이전인 2019년의 14억 7,900만 대보다는 낮았지만, 여전히 엄청난 숫자입니다. 모든 물건이 그렇듯 스마트폰에도 수명이 있고, 이제는 필수품이나 마찬가지이니 새 제품이 계속해서 필요한 것은 맞습니다. 하지만 사람들이 더 이상 쓸 수 없게 되었을 때만 새 스마트폰을 사는 것은 아니에요.

2018년 〈인터넷 이용 실태조사〉에 따르면 스마트폰 평균 교체 주기는 2년 9개월이며, 교체 이유는 '약정이 끝나서(32.7%)',

'기존 기기의 고장으로(32.3%)', '기존 기기의 성능이 낮아져서(16.3%)' 순으로 나타났습니다. 다행히 스마트폰 교체 주기는 점차 길어지는 추세입니다. 2014년 1년 11개월이었던 교체 주기는 2018년 2년 9개월로 길어졌어요. 최근에는 관련 조사가 이루어지고 있지 않지만 이동통신사들의 24개월 약정 할부 프로그램의 재약정 비율이 늘고, 36개월 이상을 선택하는 소비자들이 많은 점으로 미루어 보아 평균 교체 주기가 3년 이상으로 늘어난 것으로 짐작됩니다.[1] 이전에는 치열했던 스마트폰 기술개발 경쟁이 다소 잠잠해지고 단말기 가격이 많이 비싸진 것도 원인 중 하나일 것입니다.

그럼에도 여전히 새로운 스마트폰이 출시되면 예약 구매자가 줄을 서고, 없어서 구하기 힘든 일들이 반복됩니다. 여러분은 어떤가요? 고장 나지 않은 스마트폰을 새것으로 바꾼 적은 없나요? 새 스마트폰은 우리에게 큰 즐거움을 주지만, 더 사용할 수 있었던 기존 기기는 이제 전자 쓰레기가 됩니다. 내가 버린 폐스마트폰은 어디로 가는지, 지구환경에 어떤 영향을 미치는지 한번 살펴볼까요?

내가 버린 전자 쓰레기는 어디로 갈까?

더 이상 쓰지 않는 스마트폰들은 어디로 갈까요? 서랍 속에 그대로 잠들어 있기도 하고 중고로 판매되어 다른 사람이 더 사용하기도 합니다. 혹은 폐전자제품이 되어 재활용되거나 버려지지요. 한국전자제품자원순환공제조합에 따르면, 2020년 재활용 목적으로 수거된 폐휴대전화(스마트폰을 포함한 모든 기종의 휴대전화)의 양은 약 40t으로, 2019년 37t보다 늘었습니다. 지방자치단체나 기업들이 함께 캠페인을 벌여 매년 회수율이 늘고 있지만, 휴대전화 생산자와 판매자가 회수해야 할 폐휴대전화량인 예상 회수 의무량에 비하면 턱없이 부족합니다. 2018년의 경우, 예상 회수 의무량은 1,585t이었지만, 실제 회수량은 26t에 그쳤다고 해요.[2]

여러분 책상 서랍 속에도 이제는 쓰지 않는 오래된 스마트폰과 노트북, 태블릿 등이 들어 있을 거예요. 막상 버리려니 개인정보가 유출될까 걱정되고, 어디에 버려야 할지 몰라 서랍에 넣어 두었다가 잊어버린 경우가 대부분이겠지요. 만약 여러분이 폐휴대전화를 처리 업체에 보낸다면 모두 재활용될 수 있을까요?

버려진 스마트폰 속에는 자원도 있고, 중금속과 같은 유해물질도 들어 있습니다. 스마트폰의 구성 성분을 보면, 우리가 만질 수 있는 외부 마감재에 흔히 쓰이는 유리나 플라스틱 외에 구리, 금, 은, 코발트, 텅스텐 등 금속자원이 약 32% 정도 포함되어 있습니다.[3] 재활용이 가능한 자원일지라도 그냥 버려지면 환경오염을 일으키기 때문에 유의해야 합니다.

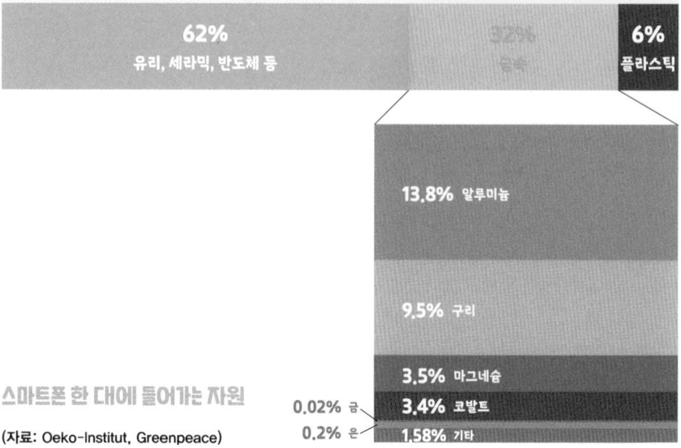

스마트폰 한 대에 들어가는 자원

(자료: Oeko-Institut, Greenpeace)

폐휴대전화 처리 업체는 개인정보를 모두 파기한 기기를 파쇄해 자원으로 재활용할 금속 물질들을 분류하고, 유해물질은 유출되지 않도록 안전하게 처리합니다. 이렇게 자원을 재활용하면 새로운 자원을 캐지 않아도 되기 때문에 채굴로 인한 자연 파괴를 줄일 수 있어요.

그런데 모든 전자 쓰레기가 이렇게 안전한 처리 과정을 거치는 것은 아니에요. 산업화가 진행된 선진국에서는 스마트폰, 노트북 등 전자기기를 많이 사용하고, 그만큼 버려지는 제품도 많습니다. 선진국의 전자 쓰레기는 다른 나라로 수출되어 국경을 넘기도 합니다. 왜 새 상품도 아닌 폐기물을 수출할까요? 선진국에서는 환경규제가 심해 폐전자제품을 처리할 때 비용이 많이 발생합니다. 처리 비용 때문에 처치 곤란인 전자 쓰레기들은 개발도상국에 재활용을 목적으로 수출됩니다.

1992년부터 효력이 발생한 **바젤협약**#은 유해폐기물이 국가

1989년 스위스 바젤에서 유엔환경계획(UNEP)의 후원하에 채택된 국제협약. 선진국이 개발도상국으로 유해폐기물을 불법 수출하거나 매각해 지구적 차원의 환경오염과 국제 갈등을 일으키자 이를 막기 위해 만들어졌다. 의료폐기물, 폐광물유 등의 국가 간 이동을 엄격히 통제하며, 2021년부터는 폐플라스틱이 추가되었다. 한국은 1994년에 가입했다.

간에 이동하는 것을 금지하고 있습니다. 전자 쓰레기 역시 유해하므로 다른 나라로 이동시키면 안 됩니다. 그러자 몇몇 나라에서는 구호품이라는 좋은 이름을 붙여 전자 쓰레기를 다른 나라로 보내고 있어요. 서로 모르고 주고받는 것은 아니에요. 알고 있지만 모르는 척하는 사이 유해폐기물이 바다를 건너고 있습니다.

쓰레기를 내보내는 나라 입장에서야 자국의 환경문제를 피하고 막대한 처리 비용을 해결할 수 있어 좋겠지만, 그것을 받는 국가에서는 왜 쓰레기가 들어오는 것을 막지 않을까요?

전자 쓰레기를 수입하는 나라들은 대부분 아직 환경오염과 관련된 규제가 갖춰지지 않은 개발도상국입니다. 규제가 없기에 처리 비용이 상대적으로 저렴해요. 또한 앞서 보았듯이 폐전자제품을 분해하면 재활용이 가능한 금, 은, 구리와 같은 값 나가는 금속을 15종 이상 얻기 때문에 경제적 이익을 얻으려 쓰레기를 계속 수입하지요.

하지만 이러한 전자 쓰레기 수출은 문제가 많습니다. 전자 쓰레기에서 재활용할 자원을 얻는 가장 손쉬운 방법은 기기를 불태우는 것인데요. 이런 방법으로 자원을 분류하는 곳은 대부분 환경오염 규제가 갖춰지지 않아 아무런 조치 없이 폐전자제품을 마구 태웁니다. 폐기물이 열에 녹으면서 발생하는 검은 연

가나의 아그보그블로시 전자 쓰레기 처리장에서 노동자들이 부품을 태우고 있다.

기 속에는 다이옥신, 퓨란 등 독성 높은 물질이 다량으로 들어 있어요. 따라서 폐기물 처리장에서 피어오르는 연기에 무방비로 노출된 사람들은 숨을 쉴 때마다 독성 물질도 함께 마시게 됩니다. 게다가 이 연기가 멀리 퍼져 나가 처리장에서 일하는 노동자뿐 아니라 인근 주민들의 건강까지 해치고 있어요.

문제는 기기를 태울 때 발생하는 연기만이 아닙니다. 불에 녹은 전자제품 속에서 골라내는 코발트와 탄탈룸 등의 자원은 경제적 가치가 있기는 하지만, 환경오염을 일으키는 물질도 함께 배출하기 때문에 처리할 때 조심해야 합니다. 그러나 안전 기준이 갖춰져 있지 않은 재활용 시설에서는 이러한 유해물질이 매일같이 뿜어져 나오고, 이는 사람만이 아니라 지구상의 모든 생물에게 그대로 흡수되고 있어요.

스마트폰 때문에 전쟁이 일어난다고?

우리가 버린 전자제품만 문제를 일으키는 것이 아닙니다. 새로 생산되는 전자제품도 만만치 않은 문제가 있어요. 콩고민주공화국에서 채굴되는 탄탈룸 이야기입니다. 탄탈룸은 잘 녹슬지 않고 높은 온도에도 견디는 성질을 가지고 있어 스마트폰, 노트북, 태블릿PC 등의 전자회로로 쓰입니다. 스마트폰 한 대에 들어가는 양은 0.02g으로 매우 적지만 최근 스마트폰 생산이 급증하면서 금만큼이나 귀하게 대접받고 있습니다. 자연스럽게 탄탈룸의 원석인 콜탄의 가격도 급격히 올라갔어요.

아프리카 콩고민주공화국은 전 세계 콜탄 생산량의 40% 이상을 차지하는 1위 생산국입니다. 콜탄의 가격이 오르자 콩고민주공화국은 콜탄 채굴로 외화를 벌어들이기 시작했습니다. 이 외화 수입으로 국민이 풍족하고 여유로운 생활을 하게 되었을까요? 아닙니다. 오히려 그 반대였어요. 콜탄 수출로 벌어들인 돈 일부는 내전 중인 콩고민주공화국 정부와 반군의 전쟁 자금으로 쓰였습니다. 콜탄을 채굴하기 위해 반군들은 주민에게 강제노동을 시켰고, 그렇게 번 돈으로 무기를 사들여 또다시 전쟁을 치르는 악순환의 연속이었어요.

1990년대에 시에라리온에서도 비슷한 일이 있었습니다. 다이아몬드 광산을 두고 내전이 일어나고, 다이아몬드 판매 수입이 전쟁 자금이 되었지요. 이 때문에 피의 다이아몬드(Blood Diamond)라는 말이 생겨났습니다. 콩고 내전을 두고도 피의 콜탄(Blood Coltan)이라는 말이 나왔지요. 콩고 내전은 2003년 공식적으로 종료됐지만, 아직도 크고 작은 분쟁이 그치지 않고 있습니다. 전 세계 사람들이 스마트폰을 바꿀 때마다 콩고 사람들이 수십 명씩 죽는다는 말이 나올 정도입니다.

사람만 죽는 것이 아닙니다. 콜탄을 채굴하려고 사람들이 마구잡이로 나무를 베고 산림을 파괴하면서 그곳에 살던 고릴라의 수가 줄어들었습니다. 야생동물보호협회에 따르면 1995년 1만 7,000마리였던 고릴라는 2016년 3,800마리로 개체 수가 77%나 감소했다고 합니다.[4] 지금은 이보다 훨씬 적은 고릴라들이 그나마 남은 서식지를 지키고 있겠지요. 블러드 폰(Blood Phone)이라는 말이 결코 과언은 아닌 것 같습니다. 우리 손에 있

주기율표와 희토류

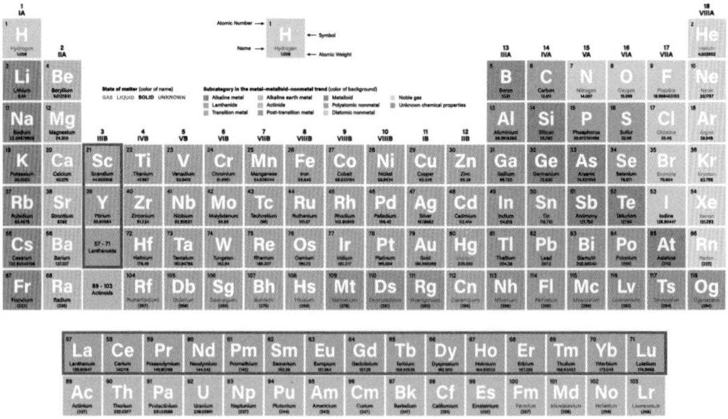

붉은색 테두리로 표시된 원소가 희토류 원소들이다.

는 작은 스마트폰으로 저 멀리 아프리카 사람들과 고릴라가 고통받고 있다니 참 슬픈 일입니다.

전자제품을 만들 때 빠질 수 없는 희토류 역시 마찬가지입니다. 희토류는 주기율표상 원자번호 57번 란타넘(La)에서 원자번호 71번 루테튬(Lu)까지의 란타넘족원소와 21번 스칸듐(Sc), 39번 이트륨(Y) 등 총 17개 원소를 통틀어 이르는 말입니다. 자연상태에서는 매우 드물게 존재하는 금속 원소이기 때문에 희토류(rare earth elements)라고 이름 붙여졌어요. 희토류는 화학적으로 안정적이며 건조한 곳에서도 잘 견디고, 열전도성이 있어 전기자동차, 풍력·태양광발전, LED, 스마트폰, 컴퓨터, 광섬유 등에 필수적으로 들어갑니다. 현대사회에 꼭 필요한 자원이지만, 이것을 사용하기 위해 치러야 할 비용이 만만치 않습니다.

희토류는 채굴과 정제, 가공 과정이 매우 까다로운데요, 이 과정에서 심각한 환경오염이 발생합니다. 희토류를 채굴할 때 사용되는 황산암모늄이 독성 폐수를 만들어 토양과 지하수를 오염시킨다고 해요. 또한 희토류에는 라듐, 우라늄 등의 방사성 물질이 섞여 있어 원소를 분리할 때 유해한 방사성 오염물질이 발생한다고 합니다. 앞으로 친환경적인 채굴 및 정제 기술과 폐희토류를 다시 재활용하는 기술 등이 개발될 필요가 있습니다.

희귀하고 주요한 자원인 만큼 이를 둘러싸고 외교적 마찰이 일기도 합니다. 다른 자원과 마찬가지로 희토류도 모든 나라에 똑같이 매장되어 있지는 않은데요. 세계 최대 매장국은 중국으로 전 세계 매장량의 3분의 1(약 4,400만t)을 중국이 갖고 있다고 해요. 그래서, 2019년 조사에 따르면 현재 전 세계 생산량의 70%를 중국이 담당하고 있습니다.[5]

상황이 이렇다 보니 중국은 희토류를 자국의 산업 발전과 외교에 활용하고 있어요. 2006년부터 희토류 수출을 줄이기 시작하면서 세금을 대폭 인상했고요. 2010년에는 동중국해상에 위치한 센카쿠 열도(또는 댜오위다오)를 놓고 중국과 일본의 영유권

분쟁이 일었는데요. 이때 일본이 중국인 선원을 체포하자 중국이 일본에 희토류 수출 금지 명령을 내리면서 체포됐던 중국인 선원이 풀려나기도 했습니다. 2012년에는 중국의 희토류 수출량 제한에 유럽연합과 미국, 일본이 크게 반발하면서 세계무역기구(WTO)에 중재를 요청하는 등 국제적인 자원 분쟁의 모습도 보였습니다.

최근에는 2021년 쿠데타로 정권을 잡은 미얀마 군부 정부가 자국 내에 매장된 희토류를 채굴, 판매해 자금을 마련하고 있다며 미얀마산 희토류를 '**분쟁 광물**#'로 지정해야 한다는 주장이 나오기도 했습니다. 아프가니스탄에서도 이와 비슷한 상황이 벌어지고 있어요. 2021년 아프가니스탄을 장악한 무장단체 탈레반이 아프가니스탄에 매장된 희토류를 이용해 영향력을 행사할 수 있다는 우려가 제기된 것입니다.

우리가 무심코 소비해 온 전자제품 하나하나에는 매우 다

아프리카 분쟁지역에서 전쟁 및 범죄에 동원되는 천연자원을 말한다. 미국의 분쟁 광물 관련 규제법은 주석, 탄탈룸, 텅스텐, 금 등 네 가지를 분쟁 광물로 지정하고 있다. 이 광물들은 각종 현대 산업에서 널리 사용되기 때문에 경제적 가치가 높다. 이 광물의 판매 자금이 분쟁지역의 반군들에게 유입되고, 채굴 과정에서 인권 유린과 노동착취가 일어나고 있기에 미국, EU 등 국제사회가 규제에 나섰다.

양한 재료가 들어갑니다. 그중에는 채취를 위해 산림을 파괴하고 그곳에서 살아가는 동물을 해치는 것도 있고, 국가 간에 분쟁을 일으키거나 전쟁을 위한 자금줄이 되는 자원도 있습니다. 우리 삶에 필수품처럼 된 전자제품이 누군가의 삶을 파괴하고 있지는 않은지, 새로운 전자제품을 구입하려 할 때 잠시 멈춰 생각해 보면 좋겠습니다.

전자기기,
오래 쓸 권리를 보장하라!

스마트폰을 떨어뜨리거나 이물질이 기기 안에 들어가 고장 난 경험을 해 본 적이 있나요? 스마트폰이 고장 나면 생활에 큰 불편을 겪기 때문에 대부분 공장 AS 센터로 갑니다. 하지만 그곳에서 모든 기기를 다 고칠 수 있는 것은 아닙니다. 제품 교체 주기가 빨라지면서 부품을 구하기 어렵거나, 새로 사는 것이 더 경제적일 정도로 수리 비용이 많이 드는 경우도 있습니다. 또한 부품이 전부 붙어 있어 고장이 나지 않은 멀쩡한 부분까지 교체해야 하는 경우도 있는데 그럼 고쳐 쓰는 것이 오히려 환경에 좋지 않은 영향을 미치는 결과가 되지요.

물자가 풍족하지 않던 시절에는 고장 난 전자제품을 수리해 쓰는 것이 당연했어요. 집에서 고치기 어려운 것은 전파사에 가져가 수리를 부탁하면 단종된 제품도 이리저리 부품을 맞춰 계속 쓸 수 있었지요. 새것도 좋지만 내 손에 익어 편한 제품을 계속 고쳐 쓴다면 전자 쓰레기가 지금보다 훨씬 줄어들 거예요. 하지만 요즘 전자제품, 특히 스마트폰은 특수한 수리 장비가 필요하고, 부품도 공식 서비스센터에만 공급하기 때문에 개인이나 사설 업체가 수리하기 어렵습니다.

최근 미국에서는 '수리해서 쓸 권리'를 주장하는 소비자들이 늘고 있는데요. 이들의 요구에 맞춰 스마트폰 제조업체들이 소비자에게 공식 부품을 공급하고 수리하는 방법을 공개했습니다. 삼성전자 역시 몇몇 모델에 한해 미국의 소비자에게는 부품과 수리 설명서, 도구 등을 판매하기 시작했는데요. 가령 갤럭시 S21의 디스플레이와 배터리를 직접 수리하려면 167.99달러(약 22만 원) 가격의 자가 수리 키트(핀셋, 드라이버, 오프너, 디스플레이, 배터리 등)를 구입해 설명서를 따라 수리하면 된다고 합니다. 한편 공식 센터 수리의 경우 디스플레이 교체 비용만 199달러(약 26만 원)라고 하니 자가 수리가 더 저렴하다고 할 수 있겠네요.[6] 수리비용이 저렴해진다면 사람들이 스마트폰을 더 오래 쓰지 않을까요?

비용 외에도 개선할 점이 남아 있습니다. 바로 수리의 용이성입니다. 삼성전자 갤럭시 시리즈의 경우 다른 업체의 제품보다 배터리 분리가 어렵고, 부품을 교체하려면 분해부터 조립까지 총 82단계를 거쳐야 해서 소비자가 직접 수리하기가 쉽지 않

미국에서 삼성전자는 전자기기 수리 커뮤니티 아이픽스잇(iFixit)과 협력해 자가 수리 프로그램을 제공하고 있다. 따라서 미국 소비자들은 삼성 오프라인 매장, 서비스센터, 아이픽스잇 홈페이지를 통해 자가 수리에 필요한 부품을 구매할 수 있다.

다는 의견이 많습니다.[7] 앞으로는 제품의 설계 단계부터 자가 수리를 염두에 두어 일반 소비자가 스스로 쉽게 수리할 수 있도록 해야겠지요.

그래서 유럽연합(EU)은 2020년 '수리할 권리'에 대한 법안을 통과시켰고, 미국 또한 2021년 7월 수리할 권리 보장과 관련한 행정명령을 내렸습니다. 그러나 우리나라의 경우 국내 기업인 삼성전자조차 자가 수리 프로그램을 제공하고 있지 않습니다. 미국처럼 이를 강제할 근거가 없기 때문인데요. 2021년 〈수리할 권리에 관한 법률〉이 발의되었지만 언제 국회를 통과할지 알 수 없습니다.

수리할 권리를 보장하는 것은 소비자들이 제품을 더 오래 쓸 수 있도록 하는 것이기도 하지만, 자원을 아끼고 환경도 지킬 수 있는 중요한 일입니다. 유럽환경국(EEB)에 따르면 유럽 내 모든 스마트폰의 평균수명을 1년 연장하면 2030년까지 연 210만t의 이산화탄소를 줄일 수 있다고 해요.[8] 수많은 생물과 오랫동안 지구에서 함께 살아가기 위해서는 스마트폰과 같은 전자기기를 최대한 오래 쓰는 것이 좋겠지요. 고장 난 곳은 고치고, 소프트웨어를 계속 업데이트 한다면 새것 못지않게 잘 사용할 수 있을 겁니다.

물론 물건을 오래 쓰기란 쉽지 않은 일입니다. 매일 새로운 기술이 개발되고, 소비자의 눈을 사로잡는 디자인과 성능을 가진 신제품들이 쏟아져 나와 여러분의 선택을 기다리지요. 그 유혹을 참기란 여간 어려운 일이 아닙니다. 하지만 지금까지 살펴본 것처럼 새로운 스마트폰을 생산하는 과정과 폐전자제품을 처리하는 과정이 우리 모두에게 어떤 영향을 미치는지 한 번 더 생각해 보세요. 우리가 어떤 선택을 해야 할지 답은 쉽게 나올 거예요.

더 나은 환경을 위한 행동

+ 전자제품은 가급적 오래 사용합니다.

+ 고장 나지 않았지만, 현재 사용하지 않는 전자제품은 필요한 곳에 기증합니다.(굿윌스토어, 아름다운가게 등)

+ 더 이상 고치기 힘들 정도로 오래 사용한 전자기기는 제대로 버리는 것이 중요합니다. 각 지역의 자원순환센터를 통해 폐전자제품을 배출합니다.

+ 전자기기를 만드는 기업에 수리할 권리를 주장해 봅시다. 관련 활동을 하는 환경단체를 찾아보고, 수리할 권리를 보장받기 위한 작은 행동에 동참해 봅시다.

더 생각해 보기

★ 현재 내가 쓰고 있는 전자제품들을 구입한 연도를 확인해 봅시다. 나와 가장 오랜 시간을 보낸 제품은 무엇인가요?

★ 사용하지 않는 폐휴대전화와 배터리, 충전기를 집 안 곳곳에서 찾아 모두 모아 봅시다. 나에게는 필요 없는 물건이지만, 새로운 곳에서 계속 쓰인다면 지구는 물론 모두에게 좋은 선택이 될 수 있습니다. 어떻게 처리하면 좋을까요?

★ 집에서 가장 사용 빈도가 낮은 전자제품은 무엇인가요? 어떻게 처리하는 것이 좋을까요?

★ 전자제품을 꼭 구입해야 한다면 어떤 부분을 따져봐야 할까요?

★ 내 주변에 가득한 전자제품들, 어떻게 사용하는 것이 환경을 생각하는 것일까요? 아주 작은 것부터 이야기해 봅시다.

★ 전자 쓰레기를 몰래 수출하고 있는 나라들을 처벌할 방법은 없을까요?

2장

내 피부에도, 지구에도 좋은 화장품을 찾아서

#화장품_전성분표시제 #자외선 #백화현상 #옥시벤존 #마이크로비즈

지우가 아침에 일어나는데 얼굴에서 뾰루지가 만져졌다. 뾰루지 주변이 욱신거리는 걸 보니 쉽게 가라앉을 것 같지 않다. 언니보다 빨리 욕실에 들어가려고 후다닥 움직였다. 폼클렌징 거품을 내 가라앉길 바라는 마음을 담아 뾰루지 주변을 살살 문질렀다. 고통이 배로 올라온다.

샴푸를 손에 담아 향기를 맡았다. 체리블로섬 향인데 오래 지속되지 않아 불만이다. 샴푸 거품을 헹구고 머리카락에 트리트먼트를 발랐다. 언젠가부터 트리트먼트나 린스를 하지 않으면 머릿결이 퍽퍽하고 빗질이 잘 안 된다. 보디워시를 샤워 타월에 뿌려 충분히 비벼 거품을 냈다. 얼굴에 난 여드름도 문제지만 등에 난 여드름도 귀찮은 존재다. 언니가 화장실 밖에서 나오라고 소리를 지른다. 그래도 할 건 다 해야지. 치약을 쭉 짜서 칫솔로 이를 닦고 혀 클리너로 혀를 닦은 후 치실도 했다.

수건으로 젖은 머리를 감싸고 방으로 들어와 얼굴에 스킨 미스트를 뿌렸다. 촉촉해진 얼굴에 세럼, 로션, 크림을 순서대로 바르고 선크림으로 마무리했다. 요즘 마스크를 쓰고 다녀서 파운데이션은 생략하고 있다. 대신 눈에 잔뜩 힘을 주고 있는데 아이라이너와 눈썹 화장은 필수다. 능숙한 손놀림으로 아이라이너와 눈썹을 그리고 턱에 난 뾰루지에 여드름 패치를 붙였다. 건조한 입술에 립글로스를 바르고 머리카락에 향기가 좋은 헤어에센스를 발랐다. 마지막으로 입고 나갈 옷에 섬유 향수를 뿌려 외출 준비를 끝냈다.

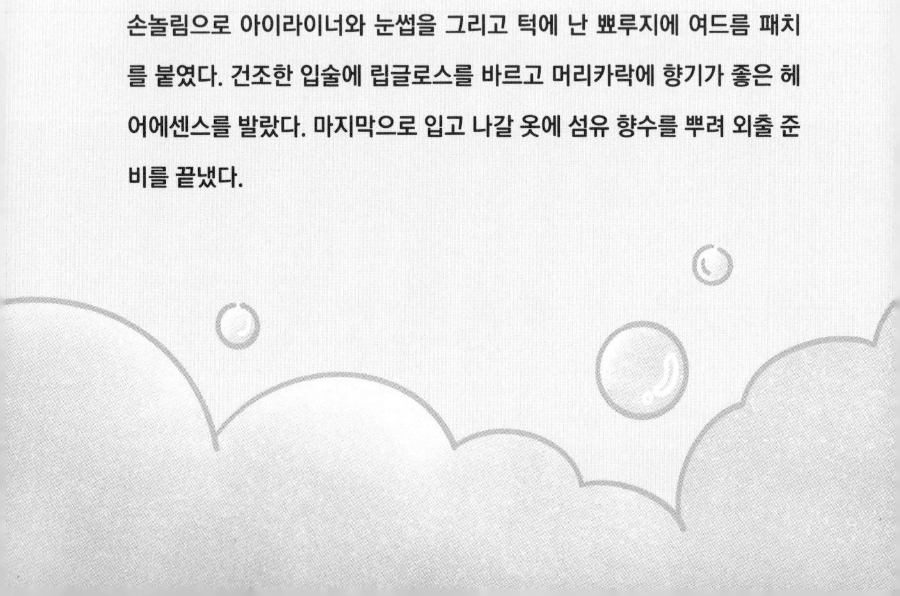

UV
cream

화장품을 많이 쓸수록 피부가 좋아질까?

지우의 아침은 분주합니다. 몸을 씻을 때도, 씻고 난 후에도 여러 종류의 화장품을 쓰며 외출을 준비하지요. 여러분의 아침도 비슷한가요? 우리는 피부가 깨끗해지고, 피부를 외부 환경으로부터 보호하며, 외모를 가꾸기 위해 화장품을 사용합니다. 아름다워지고 싶은 욕망은 인간의 본능이지요. 그래서 인간은 아주 옛날부터 화장품이라는 도구를 이용했습니다. 고대 이집트나 로마에서도 화장했다는 기록이 남아 있어요. 때로는 건강에 해가 되는 납이나 수은을 사용하기도 했지요.

현대로 접어들며 화장품을 만드는 기술이 발전하고 대량 생산도 가능해지자 화장품 시장이 확대되었어요. 한국에서는 1990년대 이전만 해도 여성을 위한 제품이 주를 이루었으나 이후 남성을 대상으로 한 화장품도 점차 소개되었습니다. 2000년

화장품 매대에 다양한 종류의 기초화장품이 진열되어 있다.

대에는 청소년을 타깃으로 한 화장품이 생산되기 시작했지요.

화장품의 종류도 다양해졌어요. 과거에는 로션과 크림이 기초화장품의 전부였다면 최근에는 토너, 스킨, 로션, 에센스, 세럼, 크림 등 가짓수가 아주 많습니다. 토너의 용도를 세분해 메이크업 잔여물을 닦아 내는 '닦토'와 건조함을 해결하기 위한 수분 공급용 '흡토'까지 등장했지요. 닦토, 흡토, 부스터, 퍼스트 세럼, 마무리 에센스 등 이름만으로는 차이를 정확히 알기 어려운 화장품들이 계속 쏟아져 나옵니다.

이렇게 화장품 사용 단계와 기능을 세부적으로 분류하는

작업은 어떻게 이루어지는 걸까요? 화장품 비평가 최지현은 이러한 분류작업이 과학적 근거에 의해 이루어진 게 아니라 "화장품 회사의 아이디어와 기획으로 만들어진 것"이라고 지적합니다.[1] 그렇기 때문에 화장품을 종류별로 모두 사용하기보다는 내 피부에 맞는 제품을 지혜롭게 선택하는 것이 필요해요.

혹시 '7스킨법'이라고 들어 보았나요? 몇 년 전 일부 연예인이 좋은 피부를 유지하는 방법으로 소개한 후 크게 유행했는데요. 세안 후 토너를 화장 솜에 묻혀 얼굴을 닦아 낸 다음 여섯 번 더 토너를 겹쳐 바르는 방법입니다.[2] 하지만 전문가들은 토너를 여러 번 겹쳐 바르는 것에 우려의 목소리를 내기도 해요. 안티에이징 전문의 우츠기 류이치는 토너의 성분에 주목합니다. 토너는 성분의 약 90%가 물입니다. 토너를 바르면 그 수분이 증발하면서 피부의 각질세포가 말려 올라가고, 그 틈으로 피부의 수분이 점점 더 증발하게 된다고 해요.[3] 최지현은 토너가 대다수에게 불필요하다고 말합니다. "토너가 정말 필요한 사람은 토너 하나만으로 보습이 충분한 지성 피부, 화장을 진하게 해서 세안만으로는 도무지 화장이 지워지지 않는 사람 정도"[4]라고 해요.

피부를 보호하려면 화장품을 많이 사용하는 것보다 제대로 사용하는 것이 중요합니다. 그러기 위해선 내 피부 상태와 생활 패턴을 잘 알아야 합니다. 유분이 많은 피부인지 적은 피부인지,

여드름이 어느 정도 있는지, 평소에 야외활동을 어느 정도 하는지 등을 안다면 나에게 적합한 제품을 고를 수 있겠지요. 그리고 화장품에 적힌 성분표를 읽고 이해하는 능력도 필요합니다. 화장품을 구성하는 성분에 따라 화장품의 기능이 달라지기 때문이에요. 그 기능들을 파악한다면 내게 꼭 필요한 화장품을 선택할 수 있을 거예요.

화장품 성분이 궁금해!

화장품 뒷면 또는 포장지에 적혀 있는 성분표를 본 적 있나요? 지금은 화장품 성분이 구체적으로 명시되어 있는 것이 당연한 일이지만 성분을 공개하기 시작한 지는 오래되지 않았어요. 화장품에 들어가는 성분 전체를 표시하는 제도는 2008년 10월부터 시행되었어요. 소비자의 안전과 알 권리를 위한 조치였지요. **화장품 전성분표시제**[#]의 시행으로 화장품 성분에 대한 소비자들의 관심이 높아졌습니다.

화장품 제조에 사용된 모든 성분의 명칭을 용기 또는 포장에 표시하도록 하는 제도. 화장품에 들어간 성분에 대한 소비자의 알 권리를 보장하고, 화장품 사용에 따른 부작용이 발생했을 때 원인을 규명해 소비자의 안전을 확보하기 위해 시행되었다.

화장품 뒷면이나 포장지에는 화장품 전 성분이 안내되어 있다.

화장품 성분표를 보면 작은 글씨로 낯선 화학물질이 빼곡하게 적혀 있어요. 화장품은 기본적으로 화학 원료를 가공하여 제품을 생산하는 화학산업입니다. 천연화장품은 화학제품이 아니지 않냐고요? 물론 화장품에 천연성분도 사용될 수 있지만 과학의 시각에서는 천연성분도 화학성분으로 분류돼요.

예를 들어 비타민C를 살펴볼까요? 비타민C는 과일과 채소에 들어 있으니 천연성분이라고 말할 수 있습니다. 한편 자연에 존재하는 성분과 분자구조를 똑같이 하여 합성할 수도 있으니 화학물질이라고 말할 수 있어요.[5] 화장품에 들어가는 비타민C의

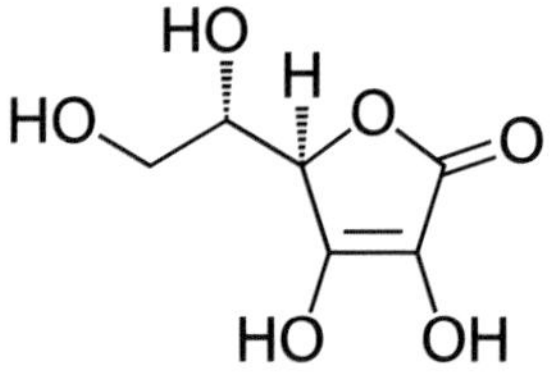

Vitamin C
Ascorbic acid

$C_6H_8O_6$

아스코빅애시드의 분자구조식

화학명은 아스코르브산, 아스코빅애시드 등입니다. 화장품 비평가 최지현은 화장품의 성분이 화학성분인지 천연성분인지 구분하는 것은 크게 의미가 없다고 말해요. 유기농 재료로 만든 립밤과 석유화학계 왁스로 만든 립밤은 안정성 면에서 큰 차이가 없으니 소비자가 원하는 것을 선택하면 된다고 하네요.[6]

어려운 용어가 가득한 성분표를 만나더라도 당황하지 말고 이것만 기억해 보세요. 화장품에 많이 들어간 성분일수록 성분표 앞쪽에 적습니다. 따라서 화장품을 고를 땐 내가 원하는 성분이 앞쪽에 적혀 있는지 확인하면 됩니다. 예를 들어 피부장벽을 튼튼하게 만드는 제품을 찾고 싶다면 성분표에서 세라마이드와 콜레스테롤, 지방산 성분이 최대한 앞쪽에 적혀 있는 제품을 찾으면 돼요.[7] 화장품에 1% 이하로 들어 있는 성분은 순서에 상관

없이 표기합니다. 가령 0.008% 함유된 성분이 0.8% 함유된 성분보다 먼저 표기될 수 있어요.

화장품을 쇼핑하기 전에 성분을 먼저 확인하고 싶다면 화해나 글로우픽처럼 화장품 성분을 표시하고 분석해 주는 애플리케이션을 활용해 보세요. 내게 필요한 성분을 쉽고 편리하게 찾을 수 있답니다. 그리고 대한화장품협회 홈페이지[8]에서 제공하는 화장품 성분 사전도 도움이 될 거예요.

화장품 구매 전, 성분표를 확인하는 일은 필요합니다. 하지만 화장품에 특정 성분이 들어 있느냐 없느냐로 좋은 화장품과 나쁜 화장품을 구분하는 것은 비합리적인 사고일 수 있어요. 화장품은 화장품법과 식품의약품안전처(이하 식약처)의 규제·감독을 통해 엄격하게 관리되는 산업입니다.[9] 정부와 과학자들이 만든 기준이 있기에 소비자가 과도하게 성분표를 분석할 필요는 없어요. 다만 화장품 회사가 규정을 잘 지켜 생산하고 있는지, 문제가 있는 성분은 없는지는 검토가 필요하지요. 이 역할 또한 국가기관과 시민단체에서 하고 있답니다.

2020년 한국소비자원에서는 입술용 화장품에 포함된 유해물질 함량 등을 조사한 결과를 발표했어요.[10] 분석 결과 98.4%에 해당하는 615개 제품이 총 20종의 타르색소를 사용하고 있었어요. 일부는 미국에서 식품·화장품 등에 사용이 금지된 적색

2호, 적색102호를 사용하기도 했답니다. 국내에서는 영유아, 만 13세 이하 어린이 화장품 등 몇 가지 품목을 제외한 제품에 해당 색소를 사용할 수 있어요. 한국소비자원은 이번 조사 결과를 바탕으로 입술용 화장품에 일부 타르색소의 사용을 제한하는 것에 관해 식약처에 검토를 요청할 계획이라고 해요. 소비자로서 우리는 이러한 단체의 활동을 응원하고 정부의 정책이 알맞게 변경되는지 지켜봐야 할 거예요.

물론 소비자가 화장품에 쓰인 성분이 무엇인지 대략적으로라도 알고 있으면 유용한 점이 많습니다. 화장품 회사의 과장광고를 거를 수 있고 내가 원하는 기능의 제품을 고를 수도 있어요. 화장품에 들어 있는 성분 가운데 환경을 파괴하는 성분은 없는지도 확인할 수 있지요. 그럼 이제 환경을 지키고자 하는 소비자가 주의해서 봐야 할 성분은 무엇인지 알아볼까요?

내가 바른 선크림이 산호를 죽이고 있다면

뜨거운 여름, 작열하는 태양 아래 야외활동을 하려면 자외선차단제가 필수입니다. 흔히 선크림으로 불리는 자외선차단제는 자외선으로부터 피부를 보호하고 햇볕에 그을리는 것을 방지해 주는 크림이에요. 햇빛 속의 자외선은 우리 몸이 비타민D를 합성할 수 있게 하는 중요한 요소지만 주의가 필요합니다. 여러분 가운데에는 자외선차단제를 바르지 않고 물놀이를 하다가 피부에 화상을 입어 고생해 본 사람도 아마 있을 거예요. 또 과도한 햇빛은 피부암을 유발해, 국제암연구소(IARC)에서 1군 발암물질로 분류하고 있습니다.

자외선은 파장의 길이에 따라 A, B, C로 나뉩니다. 자외선A는 '생활 자외선'이라고도 하는데, 투과력이 뛰어나 창문을 통해서도 들어옵니다. 우리가 실내에 있어도 피부는 자외선A의 영향을 받지요. 또한 자외선A는 피부 깊숙이 침투할 수 있어 피부 손상의 주범이에요. 자외선B는 비타민D를 합성해 주는 고마운 자외선입니다. 하지만 피부에 화상을 일으킬 수 있을 만큼 강도가 강해요. 한편 자외선C는 파장이 짧아 대부분은 오존층에서 흡수가 된다고 합니다.[11]

자외선차단제는 자외선A와 자외선B를 막아 주는 역할을 해요. 자외선차단제에 적혀 있는 SPF는 자외선차단지수(Sun Protection Factor)로, 자외선B를 차단하는 효과를 나타낸 지수입니다. 일반적으로 SPF 뒤에 적힌 숫자가 높을수록 차단 효과도 높아요. PA(Protection grade of UVA)는 자외선A 차단 효과를 나타내요. PA 뒤에 플러스 표시(+)가 많을수록 차단 효과가 큽니다.

그런데 이렇게 우리의 피부를 자외선으로부터 보호해 주는 자외선차단제가 바다 생물의 생존을 위협하고 있다는 사실, 알고 있나요? 세계적으로 해마다 1만 4,000여t의 자외선차단제가 바닷물로 들어가 식물성 플랑크톤과 해조류의 생존을 위협하고 산호와 어류에 심각한 피해를 주고 있다고 합니다.[12]

과학자들은 자외선차단제 대부분에 들어 있는 옥시벤존(벤조페논-3)과 옥티녹세이트(에칠헥실메톡시신나메이트)가 바다 생물에 악영향을 미친다고 말합니다. 바닷물로 흘러 들어간 옥시벤존은 산호의 몸 안에서 독성물질로 변합니다. 결국 산호가 하얗게 탈

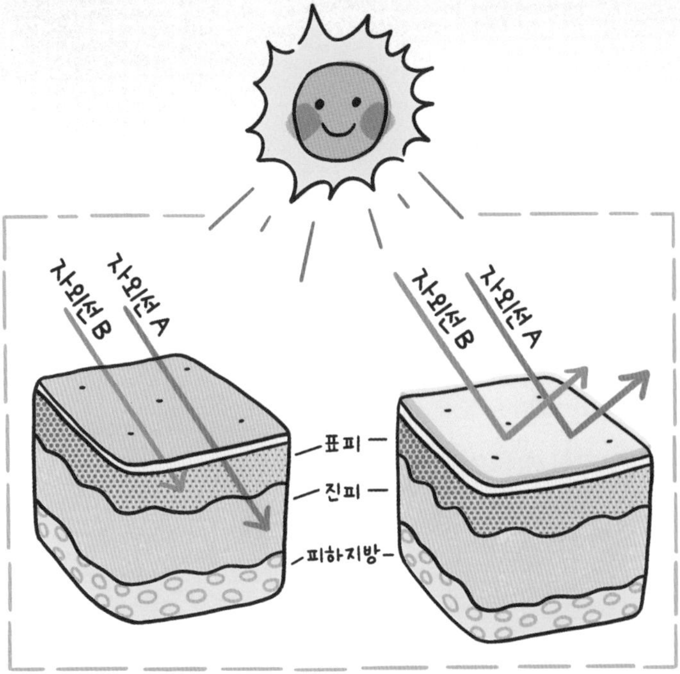

자외선의 종류와 자외선차단제의 역할. 자외선A는 진피까지 깊숙이 침투한다.

색되는 **백화현상**#이 일어나요. 옥티녹세이트는 산호 속의 바이러스를 활성화해 산호를 죽게 만들고요. 그래서 미국 하와이에서는 2021년 1월 1일부터 산호초 보호를 위해 옥시벤존과 옥티녹세이트가 포함된 자외선차단제의 판매를 금지하고 있습니다. 바다 생물을 보호하려면 이러한 화장품 규제가 여러 나라로 확대되어야 할 거예요.

옥시벤존과 옥티녹세이트만 문제일까요? 미국 스탠퍼드대학 연구팀은 다른 자외선차단제 성분도 사용에 유의해야 한다고 경고했어요. 옥시벤존과 화학적 구조가 상당 부분 유사한 성분들이 있기 때문이에요.[13] 2018년, 홍콩침례대 연구팀도 자외선차단제에 사용되는 화학물질 7종이 새우와 물고기 새끼에 기형을 유발하거나 아예 알에서 태어나지도 못한 채 죽게 만든다는 사실을 실험을 통해 발견했어요.[14]

인간의 활동으로 바다 생물이 죽고 생태계가 파괴된다니 끔찍한 일입니다. 하지만 우리에게는 대안이 있어요. 옥시벤존 등이 들어 있지 않은 무기화합물 계열의 자외선차단제(무기자차)를 사용하면 돼요. 옥시벤존 등은 주로 유기화합물 계열의 자외선차단제(유기자차)에 들어 있습니다.[15] 무기자차, 유기자차라는

백화현상은 산호가 공생하던 미세조류를 몸 밖으로 내보내면서 나타나는 현상이다. 조류는 산호의 촉수에 살면서 광합성을 통해 산호에게 영양분을 공급하고, 산호는 조류에게 광합성에 필요한 이산화탄소와 암모늄을 준다. 해수의 온도가 급격히 상승하거나 옥시벤존과 같은 유해 성분이 바다로 유입되면 산호는 조류를 내보낸다. 그러면 산호의 영양 공급이 중단되고, 점차 석회 성분만 남아 하얗게 보이게 되므로 '백화(白化)'현상이라 부른다.

백화현상이 나타난 산호초

말이 어렵다면 '리프 세이프(reef safe)'를 기억해 보세요. 리프 세이프란 산호초와 해양생태계를 해치는 유해 성분을 넣지 않았다는 의미입니다.[16] 앞으로 화장품을 고를 때는 다양한 바다 생물과 공존할 수 있는 선택을 한다면 더 좋겠지요?

미세플라스틱을 품은 화장품

화장품의 재료로 플라스틱이 사용된다는 사실, 알고 있나요? 최대 지름이 5mm 이하인 **미세플라스틱**#, 마이크로비즈 이야기입니다. 화장품 개발자들은 세정 기능을 높이기 위해 작은 알갱이 형태의 마이크로비즈를 화장품에 넣었어요. 주로 치약과 스크럽 제품 등에 사용됐지요. 그런데 이 미세플라스틱은 크기가 너무 작아 하수처리장에서 걸러지지 못하고 그대로 바다에

최대 지름이 5mm 이하의 미세한 플라스틱 입자를 말한다. 각질제거제, 치약 등의 세정 제품에 들어 있는 1차 미세플라스틱(마이크로비즈)과 합성섬유나 플라스틱 제품이 부서지고 마모되면서 생성된 2차 미세플라스틱으로 나뉜다. 강과 바다에 유입된 미세플라스틱은 자연분해가 되지 않아 생태계 오염의 원인이 된다.

마이크로비즈가 들어간 세정제(왼쪽)와 색조화장품(오른쪽)

흘러가고 말았어요. 마이크로비즈는 다른 오염물질을 흡착하기 쉬워, 원래 크기의 100만 배까지 독성물질을 흡수한다고 알려져 있어요.[17]

이러한 마이크로비즈를 해양 생물이 먹이로 착각하고 먹는다면 어떤 일이 벌어질까요? 마이크로비즈를 먹은 플랑크톤을 물고기가 먹고, 그 물고기가 우리의 식탁 위에 올라올 수 있어요. 이 때문에 유엔환경계획은 마이크로비즈를 '죽음의 알갱이'라고 표현하기도 했지요.[18]

마이크로비즈가 인간의 건강과 환경에 미치는 폐해가 확인되자 각국에서는 마이크로비즈를 화장품에 사용하는 것을 금지하는 법을 만들었어요. 우리나라에서도 2017년 7월부터 치약이나 스크럽, 보디워시 등과 같이 물에 씻어내는 화장품에 미세플라스틱을 사용하지 못하게 막았어요. 하지만 문제는 남아 있습니다. 아이섀도나 립스틱처럼 바르는 화장품에 마이크로비즈가 여전히 사용되고 있기 때문이에요.

마이크로비즈가 들어 있지 않은 화장품을 선택하려면 어떻게 해야 할까요? 화장품 성분표를 잘 살펴보면 돼요. 호주 에너지환경부는 마이크로비즈를 피하고 싶다면 다음 성분을 찾아보라고 권합니다.[19]

- 폴리에틸렌(PE)
- 폴리에틸렌테레프탈레이트(PET)
- 폴리아미드(PA, 나일론)
- 폴리프로필렌(PP)
- 폴리메틸메타크릴레이트(PMMA)

이 중에서 가장 널리 사용되는 폴리에틸렌(PE)과 폴리프로필렌(PP) 두 가지는 꼭 기억해 주세요. 반가운 소식은 몇몇 화장품 기업에서 마이크로비즈를 대체할 성분을 연구하고 있다는 점입니다. 배에서 나온 석세포, 게 껍데기에서 추출한 고분자를 활용해 만든 키틴, 미네랄 유래 성분인 실리카 등으로 화장품을

개발하기 위해 노력하고 있어요.[20]

한편 화장품은 플라스틱 용기 문제를 피해 갈 수 없습니다. 우리가 이미 환경에 부담을 줄 정도로 많은 플라스틱을 사용하고 있다는 사실을 모두 알 거예요. 다행히 몇몇 화장품 기업에서 플라스틱 쓰레기를 줄이기 위한 방법을 찾고 있답니다. 화장품 브랜드 시타(SIITA)는 모든 용기를 친환경 생분해 플라스틱으로 만들고 있어요. 생분해 플라스틱은 일정 온도에 6개월 이상 노출되어야 물과 이산화탄소로 분해되는데, 시타는 이를 위해 자체적으로 분해 시설을 만들고 화장품 공병을 수거하고 있습니다.[21] 이니스프리, 키엘 등도 공병 수거 프로그램을 진행하고 있고요. 빈 병에 내용물만 새로 채워 갈 수 있는 리필 스테이션도 늘고 있습니다.

화장품 성분 대부분이 낯선 화학물질이기에 내가 쓰는 화장품이 환경에 어떤 영향을 미치는지 곧바로 알기 어려워요. 따라서 화장품을 만드는 기업과 이를 감시하는 정부의 역할이 특히 중요합니다. 기업은 우선 환경에 해로운 물질을 사용하지 않아야 할 것입니다. 플라스틱 공병을 수거해 이를 재활용하거나 재사용되도록 관리하는 역할도 해야 하고요. 정부는 화장품 전 성분이 허위 없이 제대로 기재되었는지 관리하고 이를 위반한 기업을 처벌해야겠지요. 소비자로서 우리가 할 수 있는 일은 무엇일까요? 내 피부에 알맞은 화장품 성분이 무엇인지 찾아 불필요한 화장품 소비를 줄이고, 환경에 부담을 적게 주는 화장품을 선택할 수 있습니다. 소비자와 기업, 정부의 관심과 실천이 우리의 피부 건강을 지키고, 다양한 생물과 생태계를 보호할 수 있습니다.

더 나은 환경을 위한 행동

- 마이크로비즈(미세플라스틱)가 들어 있는 화장품을 사용하지 않습니다.

- 화장품의 사용 기한을 수시로 확인하고 기한 내에 끝까지 사용합니다. 화장품은 보통 개봉 후 6개월에서 1년 이내에 사용해야 해요.

- 소문이나 광고를 따라 화장품을 구매하기보다는 성분표를 보고 내 피부에 맞는 원료(시어 버터, 코코넛오일, 에센셜 오일 등)를 함유했는지, 피해야 하는 원료(트리클로산, 폴리에틸렌, 옥시벤존 등)는 없는지 확인하고 구매합니다.

- 피부에 바르는 자외선차단제에 의존하지 말고 선글라스, 선캡, 모자, 양산 등과 같이 자외선을 차단해 주는 도구를 적극적으로 활용합니다.

더 생각해 보기

★ 친환경 화장품은 어떤 특성이 있을까요?

★ 플라스틱 용기를 대체할 수 있는 화장품 용기에는 어떤 것들이 있을까요?

★ 화장품을 다 사용하지 않고 버리는 경우가 많습니다. 화장품을 끝까지 쓰지 못하게 하는 습관으로 어떤 것이 있을까요? 또는 화장품 용기가 어떻게 바뀌면 화장품을 끝까지 사용하는 데 도움이 될까요?

3장

이제는 화석연료에 꽂힌 플러그를 뽑을 시간

#탄소중립 #RE100 #탈원전 #그린_택소노미 #그린워싱 #제로_에너지_건물

체육 시간이 끝나고 돌아오니 교실 안이 후끈후끈했다. 에어컨을 켜려고 보니까 누가 이미 켜 놓았다. '아니 에어컨을 틀었는데 왜 이렇게 덥지?' 고개를 돌려 보니 창문이 죄다 열려 있었다. 짜증이 나 창문을 쾅쾅 닫으며 소리를 질렀다. "야! 에어컨 켰는데 창문 열면 어떡해!" 학급 회장인 혜림이가 입을 열었다. "내가 열었어. 다들 땀 흘리고 있는데 창문 닫으면 땀 냄새가 너무 나잖아. 조금만 환기하고 닫을게." 주관이 뚜렷하고 어른스러운 혜림이를 다들 좋아했다. 지우는 그런 혜림이를 대하기가 항상 어려웠다. 지기 싫은 마음에 반박하고 싶었지만 입 밖으로 나온 말은 전혀 달랐다. "그래. 알겠어."

수업 종이 울리고 선생님이 교실로 들어왔다. "누가 창문 열고 에어컨 켰니? 에너지 낭비야, 에너지 낭비. 창문 닫아." 맥락은 달랐지만 선생님이 자기 편이 되어 준 것 같아 기뻤다. '봐, 내 말이 맞지? 에어컨 틀고 창문 여는 건 잘못이라고.' 지우는 혜림이를 흘끗 쳐다봤다. 혜림이의 표정에는 아무 변화도 없었다. 조금 지나자 땀도, 교실 안의 공기도 빠르게 식었다. 에어컨 바로 아래 앉은 애들은 춥다고, 에어컨을 꺼 달라고 난리였다. 에어컨을 켰다가 껐다가 하면 전력 소모가 더 많다던데……. 우리 학교에서 쓰는 에너지는 어디에서 오는 걸까? 이렇게 전기를 펑펑 쓰면 기후 위기가 심해지는 거 아닐까? 여러 생각이 지우의 머릿속에서 꼬리를 물고 이어졌다.

화석연료 시대의 종말

우리는 전기와 함께 하루를 시작합니다. 아침에 일어나자마자 전등을 켜지요. 머리를 감고 나면 콘센트에 코드를 꽂아 드라이기를 틀고요. 주스를 마시기 위해 냉장고 문을 열면 전기가 만들어 낸 냉기를 느낄 수 있습니다. 현대인의 필수품 컴퓨터와 스마트폰도 전기를 통한 배터리 충전이 되지 않는다면 쓸모없는 고철 덩어리에 불과하지요.

전기는 곳곳의 발전소에서 만들어집니다. 전력 생산은 화석연료를 태우는 화력발전으로 처음 시작됐지만 오늘날에는 다양한 에너지원을 통해 전기를 생산하고 있습니다. 수력발전소, 풍력발전소, 태양광발전소, 지열발전소, 원자력발전소 등이 있어요. 과학기술이 발전하면서 이처럼 다양한 종류의 발전소가 생겨났지만 우리가 가장 많이 의존하는 것은 여전히 화력발전

에너지원별 발전량(2021년)

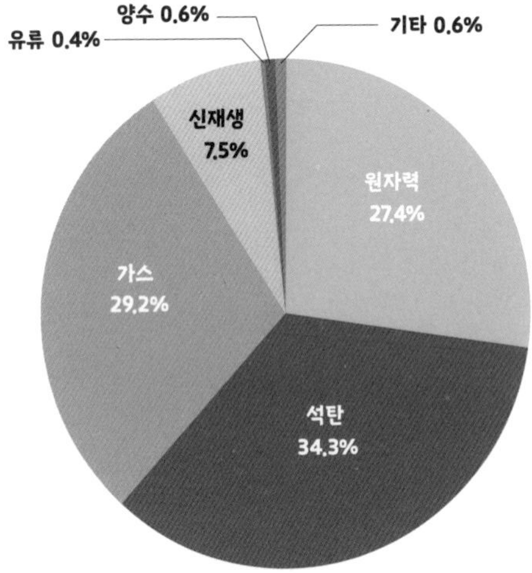

석탄, 가스, 유류가 모두 화석연료에 해당한다.(자료: 한국전력공사, 산업통상자원부)

입니다. 우리나라 에너지원별 발전량 현황을 보면 화석연료의 비율이 63.9%로 총 발전량의 3분의 2를 차지합니다.(2021년 기준)[1] 의존도가 매우 높지요? 세계적으로 보면 어떨까요? 2016년 기준 세계 전력 생산의 화력발전 비중은 67.3%입니다.[2]

우리 삶의 60% 이상을 책임지고 있는 화석연료. 그런데 이 화석연료는 무한한 자원이 아닙니다. 화석연료는 죽은 동식물의 유해가 땅에 묻혀 오랜 세월 동안 열과 압력을 받으면서 만들어집니다. 생성되기까지 매우 긴 시간이 걸리지요. 하지만 우리는 생성 속도보다 훨씬 빠르게 화석연료를 써 버리고 있습니다. 그렇다면 언젠가 고갈되는 시기가 오겠지요? 특정 자원을 캐낼 수 있다고 예상하는 연수를 '가채연수'라고 합니다. 가채연수는 확인된 매장량을 현재의 연간 생산량으로 나누어 계산하는데요,[3] 2016년 기준 석탄, 석유, 천연가스의 가채연수는 각각 113년, 49.7년, 51.8년이라고 해요.[4] 그러니까 석탄은 113년 후에, 석유와 천연가스는 약 50년 후에 고갈되겠군요.

물론 이 숫자는 바뀔 수 있습니다. 화석연료가 묻힌 곳을 새롭게 발견하거나 기술의 발달로 기존에는 캐낼 수 없었던 범위의 화석연료를 채굴할 수 있게 되면 가채연수가 늘어납니다. 이 때문에 화석연료 고갈 시점에 대한 전문가들의 경고는 번번이 어긋났어요. 그렇다 해도 안도해선 안 됩니다. 어쨌든 화석연료는 유한한 것이며, 쓸수록 그 양이 줄어들고 있으니까요. 현재 화석연료의 가채연수는 석탄을 제외하고는 여러분의 기대수명보다도 짧습니다. 지금부터 고갈에 대비해야 해요.

그러나 화석연료 사용을 줄여야 하는 이유는 고갈 때문만은 아닙니다. 어쩌면 고갈보다 더 빨리 찾아올지도 모를 큰 문제가 있어요. 바로 기후위기입니다. 화석연료를 태우면 그 속에 저장되어 있던 탄소가 대기 중으로 뿜어져 나오게 됩니다. 여기서 탄소란 일반적으로 이산화탄소를 말합니다. 이산화탄소는 대표적인 온실가스지요. 이산화탄소, 메탄, 아산화질소 등 온실가스는 원래 지구의 온도를 적정한 수준으로 유지하는 역할을 했습니다. 하지만 인간의 산업 활동으로 온실가스가 과도하게 배출되면서 지구 대기의 온도를 올리고 있어요. 이처럼 지구 지표면의 평균기온이 상승하는 현상을 지구온난화라고 합니다.

인간이 화석연료를 적극적으로 꺼내 쓰기 시작한 산업혁명 이후 인간의 활동으로 인해 지구의 온도는 급격히 올라가기 시작했습니다. 오늘날 지구 평균온도는 산업화 이전(1850~1900년)의 온도보다 1℃ 높습니다. 겨우 1℃ 가지고 호들갑이냐고요? UN 산하의 **기후변화에 관한 정부 간 협의체**(IPCC)[#]에 따르면 0.5℃만으로도 어마어마한 차이가 발생한다고 합니다.

IPCC는 2018년 〈지구온난화 1.5℃ 특별보고서〉를 통해 지구 평균온도 상승을 1.5℃ 이하로 억제해야 한다고 발표했습니

세계기상기구(WMO)와 유엔환경계획이 1988년에 공동 설립한 국제기구로, 195개 회원국이 가입되어 있다. 기후변화의 과학적 근거를 밝히고, 그 영향과 미래 위험성 예측, 기후변화에 대한 적응 및 완화와 관련된 정기적인 평가를 발표한다. 이 평가보고서는 회원국 정부가 기후 정책 개발에 활용할 수 있는 과학적 정보를 제공하며, 국제 기후변화 협상의 핵심 자료로 활용된다.

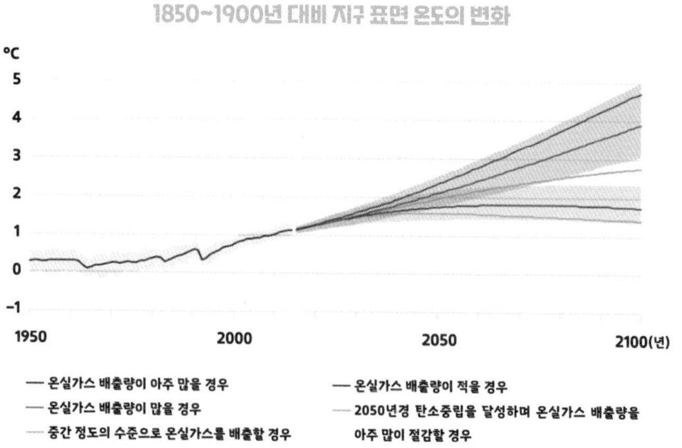

검정 실선을 보면, 2010년 무렵 지구 표면 온도가 이미 1℃ 이상 상승했음을 알 수 있다. 이후 다섯 갈래의 그래프는 온실가스 배출량에 따른 온도 변화 예상 시나리오를 나타낸다.(자료: IPCC)

다. 이 보고서에 따르면 지구 평균온도가 지금보다 1℃ 더 올라 산업화 이전보다 2℃ 이상 오르게 되면 산호초의 99%가 멸종하고 여름철 평균 기온이 4℃ 상승할 거라고 해요. 저지대 해안 지역의 홍수, 해수면 상승도 위험한 수준으로 나타날 수 있다고 경고합니다. 하지만 1.5℃ 이하로 억제한다면 이러한 기후 재난이 인간이 대응할 수 있는 수준으로 완화될 수 있다고 합니다. 1.5℃는 우리가 살아남기 위한 마지노선이라고 할 수 있어요.

그런데 우리가 지금과 같은 수준과 속도로 화석연료를 계속 사용한다면 지구 온도는 얼마나 오를까요? IPCC의 2021년 보고서에 의하면 지금의 추세로 온실가스를 계속 배출할 경우, 21세기 후반 지구의 평균 온도는 4.4℃ 상승할 것으로 추정됩니다.[5] 이는 엄청난 기후 재앙을 불러올 수 있어요. 따라서 기후 과학자들의 경고에 귀를 기울여 지금 당장 화석연료 사용을 줄이고, **탄소중립**# 을 달성하기 위해 세계 각국이 협력해야 합니다.

인간의 활동에 의한 온실가스 배출은 최대한 줄이되, 그럼에도 배출된 온실가스는 산림 등에 흡수시키거나 CCUS(탄소 포집·저장·활용 기술)를 통해 제거해 실질적 배출량이 0이 되게 하는 것을 말한다. 넷-제로(Net-Zero)라고도 부른다. 2016년 발효된 파리협정과 2019년 UN 기후정상회의 이후 121개국이 '2050 탄소중립 목표 기후동맹'에 가입하면서 국제적으로 중요한 의제가 되었다.

지속가능한 삶을 위한 재생에너지

화석연료와 결별하려면 이를 대체할 새로운 에너지원이 필요합니다. 이 때문에 전 세계적으로 대체에너지를 찾는 움직임이 늘고 있어요. 우리나라 또한 화석연료 고갈과 기후변화에 대응하기 위해 11개 에너지원을 신재생에너지로 규정하고 이것이 더 널리 쓰일 수 있도록 노력하고 있습니다.

신재생에너지는 신에너지와 재생에너지를 통칭하는 말이에요. 〈신재생에너지법〉에 따르면 신에너지란 “기존의 화석연료를 변환시켜 이용하거나 수소, 산소 등의 화학반응을 통해 전기 또는 열을 이용하는 에너지”를 말합니다. 수소에너지, 연료전지, 석탄을 액화하거나 가스화한 것 등이 여기에 해당합니다.

어려운 용어가 많지만 우리가 주목해야 할 부분은 “기존의 화석연료를 변환시켜 이용하거나”라는 구절이에요. 즉, 이 경우의 신에너지는 결국 화석연료를 사용하는 것이기 때문에 각종 대기오염물질과 온실가스를 배출합니다. 물론 기존의 석탄화력 발전보다 오염물질을 줄일 수 있지만 친환경, 재생 가능 에너지로 보기에는 무리가 있지요.

한편 재생에너지는 "햇빛·물·지열·강수·생물 유기체 등을 포함하는 재생 가능한 에너지를 변환시켜 이용하는 에너지"를 말합니다. 그런데 국내 〈신재생에너지법〉에 따라 재생에너지로 분류된 것 가운데 국제에너지기구(IEA)나 다른 나라에서는 재생에너지로 인정하지 않는 것도 있습니다. '폐기물 에너지'가 대표적입니다. 폐기물을 태워 에너지를 얻는 방식인데, 이 역시 대기오염물질과 온실가스를 배출하기 때문에 친환경 에너지라고 보기 어려워요.[6]

이처럼 한국의 신재생에너지에는 국제기준상 재생에너지로 분류되지 않는 것들이 많이 포함되어 있습니다.[7] 현실적으로 화석연료 사용량을 당장 0으로 만들기는 어렵기 때문에 신에너지나 폐기물로부터 얻은 에너지를 사용하는 것도 기후위기 대응에 어느 정도 도움이 될 수 있습니다. 그렇지만 이를 친환경 에너지라고 홍보하면 사람들이 현실을 똑바로 보기 어렵게 됩니다. 신재생에너지는 환경에 해를 끼치지 않는다는 생각에 죄책감 없이 마음껏 에너지를 사용하게 될 수 있어요. 2020년 정부 통계에 따르면 신재생에너지 발전 비율 7.43% 중 재생에너지는 6.41%입니다.[8] 여기서 폐기물 발전량을 빼면 친환경 에너지의 비중은 더 하락하겠지요.

다른 나라는 어떨까요? 유럽은 재생에너지 분야의 발전을 선도하고 있습니다. 2020년 유럽연합에서 생산된 전력 가운데 38%가 재생에너지를 이용해 생산되었다고 합니다. 같은 해 화석연료에 의존한 전력 생산은 37%로,[9] 재생에너지의 비중이 화석연료 비중을 뛰어넘었어요. 한편 미국도 풍력과 태양광 발전을 중심으로 재생에너지 비중을 빠르게 늘리고 있습니다. 미국은 2020년 재생에너지 발전 비중을 21%로 끌어올렸습니다. 미국 에너지정보국은 2050년까지 재생에너지 비율을 42%까지 높일 수 있을 것으로 전망했습니다.

기업들도 재생에너지 사용에 적극적으로 동참하고 있어요. 혹시 RE100이라고 들어 봤나요? 영국의 비영리 환경단체가 주도한 RE100 캠페인은 2050년까지 기업이 사용하는 전력의 100%를 재생 가능 에너지로 충당하는 것을 목표로 합니다. 이를 달성하기로 약속한 기업들이 RE100에 가입할 수 있는데요, 어려운 가입 조건에도 구글, 애플, 이케아 등 세계적으로 유명한 다국적 기업이 참여하고 있어요. 한국 기업 중에도 삼성전자, SK하이닉스, LG에너지솔루션 등 22개 기업이 가입되어 있습니다.

캘리포니아주 쿠퍼티노의 애플 사옥. 건물 옥상에 17MW(메가와트) 규모의 태양광 설비가 설치되어 있다.

RE100에 가입한 기업들은 이 캠페인 실천을 위해 무엇을 하고 있을까요? 그중 애플의 사례를 보죠. 미국 캘리포니아주에 자리한 애플 본사는 태양광과 바이오가스를 이용해 100% 재생 가능 에너지로 전력을 공급합니다. 전력 사용량이 적어 전기가 남는 시간대에는 지역사회에 전기를 공급하기도 해요. 또한 2014년부터 모든 데이터센터를 100% 재생에너지로 가동하고 있다고 합니다.[10]

재생에너지는 화석연료로 얻는 에너지보다 값이 여전히 비쌉니다. 비싼 에너지원을 사용하면 그만큼 생산비용이 올라갈 수밖에 없어요. 그런데도 수많은 기업이 RE100에 적극 동참하는 이유는 무엇일까요? 기후변화의 심각성도 한몫했겠지만, 온실가스를 줄이지 않으면 이제는 글로벌 경쟁에서 살아남기 힘들다는 인식 때문입니다.

실제로, 국제적으로 여러 규제가 생기고 소비자들이 온실가스를 대량으로 배출하는 기업에 사회적 책임을 묻기 시작했습니다. 예컨대 유럽연합은 2023년부터 탄소국경세를 도입할 예정입니다. 탄소국경세란 탄소배출 규제가 느슨한 나라가 이 규제가 강한 나라로 상품이나 서비스를 수출하고자 할 때 해당 탄소집약적 상품(탄소배출이 많은 제품)에 매기는 무역 관세를 말합니다. 또 글로벌 투자기관도 앞으로 투자 여부를 판단할 때는 기업의 기후위기 대응 성적을 중요하게 검토할 거라고 해요. 이제 시장에서 경쟁력을 갖추려면 기후변화에 민감하게 대응해야 하는 겁니다.

원자력은 친환경 에너지일까?

과학기술이 발전하면 새로운 에너지원으로부터 에너지를 얻는 방법이 새롭게 개발될 수 있어요. 그 상황에 대응하기 위해 〈신재생에너지법〉 제2조 제1항에는 "그 밖에 석유·석탄·원자력 또는 천연가스가 아닌 에너지로서 대통령령으로 정하는 에너지"를 신에너지의 정의에 포함하고 있습니다. 따라서 새로운 에너지가 개발되면 언제든지 신에너지로 규정할 수 있어요.

그런데 여기에 조금 이상한 점이 있습니다. 원자력을 아주 명확하게 제외했다는 사실입니다. 원자력 에너지는 우라늄의 화학반응을 이용해 열을 낸다는 점에서 신에너지의 정의에 부합합니다. 또한 원자력은 태양광, 해상풍력보다도 탄소배출이 적은 에너지원으로 온실가스 배출 측면에서 보면 매우 친환경적입니다.[11] 그런데 왜 우리나라는 화석연료를 변환한 에너지원은 신에너지로 포함하고 원자력은 제외했을까요?

원자력발전은 논란이 많습니다. 탄소배출 측면에서 원자력은 매우 깨끗한 에너지라고 볼 수 있습니다. 그러나 원자력발전에 사용된 뒤 버려진 핵폐기물은 엄청난 방사선을 뿜어내는 위험한 물질입니다. 전 세계적으로 해마다 사용 후 핵연료 1만 2,000t이 새로 생기고 있다고 하는데요.[12] 원자력을 많이 사용할수록 이 핵폐기물의 양은 늘고, 이를 저장할 곳이 필요합니다. 그런데 위험한 물질이라는 인식이 있다 보니, 다들 자기 지역에 핵폐기물 저장공간이 생기는 것을 원하지 않습니다. 그래서 우리나라에서는 30년 동안 핵폐기장 부지 선정조차 하지 못했고,[13] 그 사이 핵폐기물은 원자력발전소 내부에 쌓여 포화 상태에 이르렀어요.

원자력발전 자체의 위험성을 문제 삼는 사람들도 있습니다. 1979년 미국 스리마일섬, 1986년 체르노빌, 2011년 후쿠시마 원자력발전소(원전) 사고를 겪으며 원자력발전이 얼마나 큰 재난으로 이어질 수 있는지 전 세계의 모든 사람이 똑똑히 목격했지요. 특히 체르노빌원전사고는 수십 년 전에 일어난 일인데도 오늘날 여전히 그 지역은 방사능 수치가 높아 폐쇄되어 있고, 당시 피폭된 많은 이들이 후유증으로 각종 질병에 시달리다 죽음에 이르고 있습니다.

우크라이나 북부의 도시 프리피야트는 한때 인구가 5만 명에 달했지만 체르노빌원전사고로 유령 도시가 되었다.

그래서 독일, 이탈리아, 스위스 등 유럽 국가에서는 원자력 발전의 위험성에 문제의식을 느끼고 탈원전 정책을 적극적으로 추진해 왔습니다. 우리나라도 2017년 신규 원전 울산 신고리 5·6호기 건설 문제를 둘러싸고 공론화 작업이 이루어졌는데요. 시민들의 의견까지 모두 수렴한 결과, 논의를 위해 임시 중단되었던 신고리 5·6호기 공사는 재개되었지만 장기적으로는 원자력발전을 축소하는 방향으로 가야 한다는 결론을 내고 정책을 추진했습니다.

그런데 2021년 12월 마지막 날, 유럽연합 집행위원회는 원자력발전을 친환경 에너지로 분류한다는 내용을 담은 **그린 택소노미**[#] 초안을 회원국에 전달했습니다. 적극적으로 탈원전 정책을 추진하던 유럽연합이 왜 갑자기 입장을 바꾸었을까요?

프랑스, 핀란드 등 10개국의 에너지 장관들은 "원자력발전은 저렴하고 안정적이고 독립적인 에너지원이며, 기후변화와의 전쟁에서 승리하려면 탄소배출이 없는 원전이 필요하다"라고 주장했습니다. 기후변화로 인한 위험이 원자력발전의 위험보다 심각하다고 판단한 것이지요. 한편 독일의 경제 장관은 EU의 결정이 **그린워싱**[##]이라며 비판했고, 오스트리아의 환경부 장

'녹색 분류체계'라는 의미의 그린 택소노미는 어떤 경제활동이 환경적으로 지속가능한지 아닌지를 분류하는 기준이다. 그린 택소노미에 따라 기업 활동 및 국가의 정책 방향이 달라지기 때문에 기업과 투자자, 정책 입안자가 투자에 참고할 지침으로 활용된다. 그린 택소노미는 전 세계에 공통으로 적용되는 분류체계가 아니기 때문에 지역적으로 조금씩 차이가 있다. 유럽에 EU 그린 택소노미가 있는 것처럼 우리나라는 K-그린 택소노미를 만들어 사용하고 있다.

green(녹색)과 washing(세탁)의 합성어로, 실제로는 환경에 나쁜 영향을 끼치지만 마치 친환경적인 것처럼 홍보하는 것을 말한다. 녹색 분칠 혹은 위장 환경주의라고도 한다. 미국의 다국적기업 감시 단체인 코프워치(CorpWatch)는 매년 4월 22일 지구의 날에 그린워싱 기업을 선정해 발표하고 있다.

관은 "EU의 계획이 그대로 시행된다면 소송을 제기할 것"이라는 트윗을 올리기도 했어요.[14]

2022년 7월, 유럽연합 의회는 원자력과 천연가스를 친환경 에너지로 분류하는 법안을 통과시켰습니다. 물론 원전이 그린 택소노미에 포함되기 위해서는 까다로운 조건을 충족시켜야 합니다. 하지만 이러한 유럽연합 의회의 결정이 다른 나라의 원전 정책에 영향을 끼치고 있는 것은 사실입니다.

우리나라 또한 윤석열 정부가 '탈원전 백지화'와 '원전 최강국 건설' 공약을 내세우면서, 2017년 이후 추진 중이던 탈원전 정책이 원점으로 돌아가게 되었습니다.[15] 2020년 기준 우리나라 에너지 발전량 중 원전의 비율은 28.6%입니다. 프랑스(67.2%)보다는 훨씬 적지만 독일(11.3%)보다는 높지요.[16] 코앞에 닥친 기후 위기를 막으려면 원자력발전이 어쩔 수 없이 필요할까요? 아니면 원자력발전의 위험성을 완벽히 통제할 수 없기에 안전을 위해 탈원전을 계속 추진해 나가야 할까요?

생활 속에서 에너지를 줄이는 방법

지금까지 화석연료의 대안으로 제시되고 있는 재생에너지와 원자력발전에 대해 알아보았습니다. 에너지원을 바꾸는 일은 워낙 큰일이니 정부나 기업의 몫이라고 생각할 수 있습니다. 또 에너지를 절약해야 한다는 말을 듣다 보면 '정말 줄여야 하는 것은 기업의 생산 활동이 아닐까?' 하는 의문이 들 수 있어요. 실제로 우리나라 전체 전기 사용량의 절반 이상(55%)을 산업용 전기가 차지하고 있습니다.(2021년 기준) 그러니 '평범한 시민이 살아가는 일상적 공간에서 에너지를 쓰면 얼마나 쓴다고'라는 생각이 들 수밖에요. 하지만 우리가 매일 생활하는 공간에 변화를 주는 일도 기후변화를 막는 데 도움이 될 수 있습니다.

앞서 지우가 교실에서 에어컨을 너무 과하게 트는 것 아닐까 골똘히 생각하는 장면을 함께 살펴봤어요. 여러분은 어떤가요? 잠깐의 더위를 식히기 위해 에어컨을 틀거나 충분히 밝은 데도 조명을 켜거나 전자기기의 코드를 빼지 않고 꽂아 둔 적은 없나요? 아마도 있을 거예요. 이렇게 우리는 습관적으로 에너지를 낭비하고 있습니다.

만약 무의식적으로 낭비되는 에너지를 분석해 에너지 절약을 돕는 기술이 있다면 어떨까요? 혹은 난방을 많이 하지 않아도 따뜻하고, 조명을 쓰지 않아도 내부가 밝도록 건물을 설계한다면요? 또는 건물에서 재생에너지 기술로 전력을 자체 생산하고 생산한 만큼만 소비한다면 어떨까요? 이런 아이디어가 실제로 반영된 건물이 있습니다. 바로 제로 에너지 건물이에요.

제로 에너지 건물은 설계 단계에서 친환경을 고민하고 이를 반영한 건물로, 적용된 기술에 따라 두 가지로 나뉩니다. 에너지 낭비를 최소화하기 위해 단열(열이 통하지 않도록 막는 것) 성능을 극대화한 패시브 하우스와 재생에너지 기술 등을 적극적으로 활용해 에너지를 스스로 생산하는 액티브 하우스가 있습니다. 물론 두 기술을 복합적으로 적용한 건물도 있지요.

충남 청양군의 정산중학교는 패시브 하우스와 액티브 하우스의 조건을 동시에 충족하는 제로 에너지 건물입니다. 먼저 어떤 패시브 기술이 적용되었는지 볼까요? 건물에 들어서면 마주하게 되는 넓은 다목적홀은 조명을 켜지 않아도 공간 전체가 밝

정산중학교의 다목적홀(왼쪽)과 옥상 전경(오른쪽)

습니다. 천장에 설치된 자연채광창이 햇빛을 효율적으로 활용하도록 설계되었기 때문이지요. 심지어 이 창들은 빛 센서가 내장된 스마트 유리로 만들어져 자외선을 차단하고 일조량을 자동으로 조절한다고 합니다. 학교 건물의 냉난방 효율을 떨어뜨리는 주범이 교실 창문인데요, 이곳의 창문은 단열 효과가 뛰어나 에어컨과 히터를 조금만 틀고도 쾌적한 환경에서 생활할 수 있어요.

다음으로 액티브 기술이 사용된 부분을 살펴봅시다. 정산중학교 옥상에 올라가면 태양광 패널들이 옥상을 가득 채우고 있는데요. 이 패널에서 생산하는 전력량은 정산중학교 전체 전력 사용량을 모두 충당하고도 남는다고 해요. 또 학생들이 생활하는 기숙사에는 지열발전으로 냉난방시스템을 가동하고 있습니다. 정말 멋지지 않나요? 전국의 수많은 학생이 하루 대부분을 보내는 학교에서 이렇게 에너지를 효과적으로 줄일 수 있다면 탄소중립이 그리 먼 꿈은 아닌 것 같습니다.

하나의 건물로 끝나지 않고 마을 전체가 이 같은 제로 에너지 건물로 이루어진 곳도 있습니다. 독일 프라이부르크의 보봉마을(Vauban)과 영국 런던 교외의 베드제드(BedZED)가 대표적이에요. 보봉마을의 주택 대부분은 첨단 단열 공법을 통해 에너지 낭비를 최소화하고, 지붕에는 태양광 패널을 설치해 전력을 직접 생산합니다. 이렇게 생산된 전력량은 주민들이 쓰고도 남아, 인근 발전소에 판매해 수익까지 얻고 있다고 해요.[17]

영국 런던 교외의 베드제드는 보봉마을보다 규모가 조금 더 큰 친환경 마을입니다. 이곳은 건물만이 아니라 마을 시스템 전체를 친환경적으로 설계했어요. 마을의 주택이 제로 에너지 건물인 것은 물론이고 도로포장에 폐유리를 재활용하기도 하고 목재 폐기물을 연료 삼아 전력을 만드는 발전소를 지어 지역에 온수를 공급하고 있어요. 또 차량 공유 프로그램을 개발해 개인 소유의 자동차를 줄이고자 노력하고 있습니다. 그 결과 베드제드는 영국의 일반적인 100가구 규모 단지보다 탄소배출량이 23%나 적다고 합니다.[18]

독일의 보봉마을(왼쪽)과 영국의 베드제드(오른쪽). 베드제드의 지붕 위 닭볏 모양 환풍구는 열 회수형 환기장치로, 환기할 때 빠져나갈 수 있는 시원한(겨울철이라면 따뜻한) 내부 공기의 열을 다시 회수해 냉난방에 드는 에너지를 줄여 준다.

더 많은 사람이 제로 에너지 건물에 살면 좋겠지만, 모두가 첨단 기술이 적용된 좋은 집에 살기는 어렵겠지요. 화석연료가 빠르게 고갈되고 기후변화 또한 급속히 진행되고 있는 상황에서 마냥 기다릴 수도 없습니다. 그럼 우리는 지금 무엇을 할 수 있을까요? 일상 속의 작은 부분들을 조금씩 고쳐 에너지효율을 높이고 에너지를 절약할 수 있습니다. 안 쓰는 플러그를 뽑고 불필요한 전등을 열심히 끄는 것에서 시작할 수 있어요.

기후위기와 거대한 에너지 문제 앞에서 플러그를 뽑는 행동이 너무나 사소하게 느껴질 수도 있습니다. 사방에 전광판과 네온사인이 번쩍번쩍한 도시에서 전등 하나 안 끄는 게 무슨 대수일까요? 그 정도의 작은 실천은 거대한 산불 앞에서 분무기로 물을 뿌리고 있는 수준 아닐까요? 그럴지도 모릅니다. 하지만 나의 행위는 그 자체로 내가 소중히 여기는 가치들을 표현하는 수단입니다. 또 자본주의사회에서 기업은 소비자의 선호와 가치관에 민감하게 반응합니다. 많은 소비자가 에너지효율이 높은 전자기기를 사용하고자 하면 기업들은 저효율의 전자기기를 더 이상 만들어 내지 않을 거예요. 또 재생에너지를 사용하는 기업을 소비자들이 긍정적으로 평가하고 투자자들 또한 그런 기업을 찾는다면 더 많은 기업이 RE100에 동참할 수밖에 없어요.

지구 평균온도의 상승을 1.5℃ 이하로 막으려면, 2050년까지 현재 남아 있는 화석연료의 대부분을 땅속에 내버려 둬야 한다고 합니다.[19] 오늘날 세계 에너지의 절반 이상을 책임지고 있는 화석연료를 단번에 끊어 내지는 못하겠지만 재생에너지를 적극적으로 보급하고, 에너지를 절약할 수 있도록 도시와 건물을 설계하며, 일상에서도 에너지 소비를 줄이는 방향으로 습관을 바꾸는 등의 노력이 필요합니다.

더 나은 환경을 위한 행동

+ 안 쓰는 제품의 플러그는 뽑습니다. 사용하지 않고 꽂아 둔 플러그 때문에 낭비되는 전력이 가정 소비전력의 10%에 이른다고 합니다. 이를 경제적으로 따지면 4,000억 원이 넘는다고 해요. 플러그만 뽑아도 전기요금을 아끼고 탄소배출도 줄일 수 있습니다.

+ 에너지소비효율등급이 높은 전자기기를 사용합니다. 전자제품을 구입하기 전 '에너지소비효율등급' 스티커를 확인해 보세요. 1등급 제품은 5등급 제품 대비 약 30~40%의 에너지를 절감할 수 있습니다.

+ 냉장고는 60%만 채웁니다. 냉장고는 음식의 양이 늘어날수록 전기 소비량도 증가하기 때문이에요. 또한 냉장고를 여닫는 횟수도 줄이는 것이 좋습니다

+ LED조명을 사용합니다. LED조명은 일반 조명보다 전력 소모가 적고 수명도 길어요.

+ 여름철 적정 실내온도(26℃)와 겨울철 적정 실내 온도(20℃)를 지킵니다. 난방 온도를 1℃를 낮추면 에너지 소비량이 5% 감소한다고 해요.

더 생각해 보기

★ 원자력발전은 친환경적일까요?

★ 우리 집의 에너지효율을 높이기 위해 어떤 스마트 기술이 개발되면 좋을지 생각해 봅시다.

★ 내가 사는 동네나 학교, 도서관 등에서 에너지 소비를 줄일 만한 부분이 있을지 찾아봅시다.

4장

아보카도 샌드위치가 지구를 메마르게 한다고?

#온실가스 #탄소발자국 #물발자국 #환경성적표지 #푸드마일리지
#로컬푸드 #푸드뱅크

오늘 급식 메뉴는 잡채, 조개 미역국, 대구전, 깍두기, 아이스 망고. 잡채와 전을 좋아하는 지우가 식단표를 받자마자 동그라미를 쳤던 날이다. 맛있게 다 먹고 난 뒤 식판을 반납하러 간 지우는 좀처럼 줄지 않는 줄 끝에 섰다. 잔반통 앞에서 학생들이 무언가를 기다리느라 서 있었기 때문이다.

"왜 줄이 안 빠지는 거야?"라고 묻자 앞에 있던 친구가 답했다. "잔반통이 가득 차서 빈 통이 와야 한대. 근데 넌 오늘 반찬 다 먹었네?" 지우의 식판을 본 친구가 신기하다는 듯 말했다. "오늘 내가 좋아하는 반찬이 나와서 다 먹었지. 오늘 맛있지 않았냐?" "아니. 난 잡채에 채소가 많이 들어가서 싫어. 대구전도 생선이라 싫고. 오늘 먹을 게 망고밖에 없더라."

친구와 이야기하는 사이에 줄어든 줄을 따라 식기를 반납할 차례가 된 지우는 깜짝 놀랐다. 지우가 맛있게 먹은 반찬들이 잔반통 가득 버려져 있었기 때문이다. '음식이 너무 아깝다. 나는 한 번 더 먹고 싶었는데…….'

식기를 반납하고 급식실 계단을 따라 내려오는데 조리실 현관 밖에 놓인 커다란 통이 지우의 눈에 들어왔다. 그 안에는 채소 껍질과 뿌리, 조개껍데기 등이 가득했다. '전국 학교에서 매일 저만큼의 음식물쓰레기가 나올 텐데, 모으면 엄청 많겠다. 그러고 보니 우리 동네 음식물쓰레기통도 항상 가득 차 있었던 것 같은데……. 대체 이 많은 음식물쓰레기는 어디로 가는 걸까?'

퇴식구
주간 식단표

내 식탁 위 음식은 어떻게 생산되었을까?

우리는 생명을 유지하기 위해 매일 음식을 먹습니다. 음식을 먹으며 스트레스를 해소하거나 기분을 전환하기도 하고, 다른 이들과 함께 식사하며 관계를 돈독히 하기도 하지요. 우리 삶의 많은 부분을 채우고 있는 음식. 과연 음식은 지구환경과 어떤 관계가 있을까요?

IPCC의 2019년 보고서에 따르면 음식을 생산하고 소비하는 과정에서 발생하는 온실가스가 인간이 배출하는 전체 온실가스 양의 21~37%로 추정된다고 합니다.[1] 가공, 저장, 유통 과정에서 배출되는 양(5~10%)을 제외하면 생산과정에서 대략 16~27%가 배출되는데요. 우리가 먹는 음식이 생산되는 곳에서 도대체 무슨 일이 일어나고 있는 걸까요?

'슈퍼푸드'라고 들어 봤나요? 영양가가 풍부해 건강에 도움이 되는 식품을 말하는데, 슈퍼푸드로 선정된 식품은 전 세계적으로 큰 인기를 끕니다. 한국도 다르지 않은데요. 토마토, 귀리, 아로니아 등 국내에서 생산이 가능한 것도 있지만, 생육조건이 맞지 않아 키울 수 없는 아보카도, 아몬드, 퀴노아 등은 수입을 해야 합니다. 이 가운데 아보카도의 국내 수입량은 2011년 402t에서 2021년 1만 6,734t으로 10년 사이 폭발적으로 증가했습니다.[2] 요즘은 샐러드와 샌드위치는 물론 비빔밥이나 김밥과 같은 한식에서도 아보카도를 넣은 경우를 쉽게 만날 수 있지요. 맛과 영양이 모두 좋아 아보카도의 세계적 수요가 치솟자 멕시코, 칠레 등에서는 우거진 숲의 나무를 베어 내고 아보카도 농장을 만들었습니다. 이렇게 삼림을 파괴하는 과정에서 탄소가 배출되는 것은 물론, 탄소를 흡수할 숲의 면적이 줄어 기후변화를 더욱 심화하게 되었어요.

더욱이 문제는 여기서 끝나지 않습니다. 아보카도는 물을 좋아해 열매 하나를 키우는 데 227L의 물이 필요합니다. 크기가 비슷한 오렌지가 한 알에 53L가 필요한 것과 비교하면 엄청난 양이지요.[3] 이 때문에 아보카도 농장 주변의 마을들이 물 부족 사태에 시달리고 있다고 해요.

아보카도만이 아니라 라면, 과자, 초콜릿 등에 널리 쓰이는 팜유도 비슷한 문제를 안고 있습니다. 전 세계적으로 팜유 수요

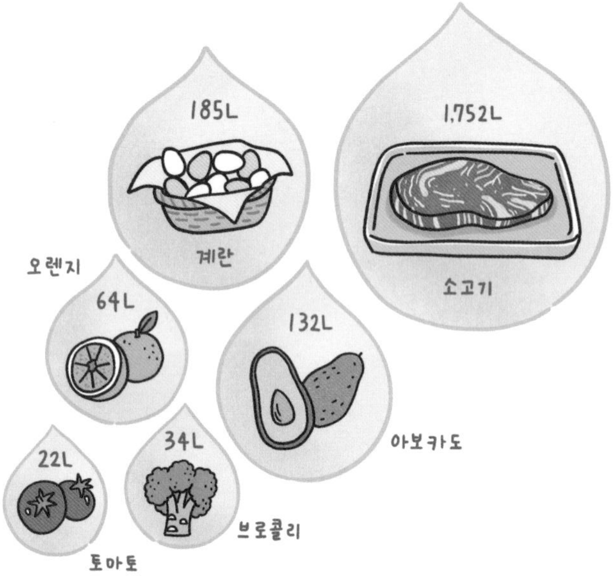

각 먹거리를 4온스(약 113g) 생산하는 데 필요한 물의 양을 나타낸 그림. 이처럼 제품을 생산하는 전 과정에서 사용된 물의 양을 '물발자국'이라고 한다.(자료: water footprint calculator)[4]

가 증가하면서 팜유 농장이 급격하게 늘었는데, 이로 인해 인도네시아 열대우림의 15%가 파괴되었다고 해요. 이는 남한 면적의 1.4배입니다.[5] 열대우림에서 살아가던 오랑우탄, 코끼리 등이 서식지를 잃고 멸종위기에 처했습니다.

물론 모든 음식 재료가 이런 과정을 거쳐 생산되는 것은 아닙니다. 어떤 작물은 아보카도보다 훨씬 적은 물로도 재배할 수 있고 탄소배출량도 적을 수 있어요. 또 농장 주변의 생태계나 야생동물에게 피해를 주지 않는 방식으로 생산되는 먹거리도 있지요. 우리 식탁에 오르는 음식은 우리가 선택한 것들로 채워집니다. 식탁을 차리기 전에 각 재료가 어떤 방식으로 생산되고 어떤 과정을 거쳐 우리 앞으로 오게 되었는지 한 번쯤 생각해 본다면 환경에 조금 더 도움이 되는 식탁을 만들 수 있을 거예요.

외국산 먹거리는 화석연료를 타고 온다

어제 먹은 음식들을 떠올려 볼까요? 그중 가장 먼 곳에서 온 재료는 무엇이었나요? 직접 키워 수확한 재료가 아니라면 어디서 어떻게 왔는지 정확히는 알 수 없겠지만 아마 외국에서 생산된 것이 많을 거예요.

2020년 우리나라의 식량자급률은 45.8%로, 30년 전인 1990년 약 70%였던 것에 비하면 매우 낮아졌습니다.[6] 이는 농업생산의 효율성 때문이기도 한데요. 산림청 기준 전체 국토의 63%가 산지인 우리나라는 농지가 지형에 따라 쪼개져 있거나 경사진 경우가 많아 넓은 평원이 있는 나라보다 생산효율성이 낮습니다. 그래서 국내산보다 외국산이 저렴해 수입 농산물을 많이 소비하다 보니 점차 자급률이 낮아지고 있어요. 우리나라처럼 자급률이 낮은 곳에서는 식탁을 차릴 때 지구 곳곳에서 온

재료들이 빠질 수 없습니다.

한국은 삼면이 바다로 둘러싸여 있어 외국산 음식물을 가져오려면 선박이나 비행기를 이용해야 합니다. 무역에서는 비교적 적은 비용으로 더 많은 화물을 실을 수 있는 선박을 주로 사용하는데, 이 선박을 움직이는 연료가 화석연료인 벙커C유입니다. 벙커C유는 탄소 함량이 높아 열량이 높고 운반과 저장이 쉬우며 무엇보다 가격이 저렴해서 대형 선박과 화력발전 연료로 많이 쓰입니다. 하지만 탄소를 비롯한 대기오염 물질을 많이 배출한다는 큰 단점이 있습니다.

벙커C유가 유출돼 오염된 바다. 벙커C유가 연소할 때는 온실가스가 많이 배출된다.

그래서 UN 산하 국제해사기구(IMO)는 2050년까지 온실가스 감축 규제를 더 강화하고 벙커C유와 같이 온실가스를 많이 배출하는 연료에 탄소세를 매기기로 2022년 6월 제78차 해양환경보호위원회에서 결정했습니다.[7] 바이오디젤이나 LNG(액화천연가스)와 같은 저탄소 연료를 사용하는 선박이 늘고는 있지만, 이들에 비해 저렴한 가격 때문에 벙커C유를 택하는 선박이 여전히 많습니다. 이런 점에서 외국산 먹거리들은 온실가스를 뿜으며 우리에게 온다고 볼 수 있어요. 먼 곳에서 올수록 탄소배출량은 더욱 많아지겠지요.

앞서 온실가스로 지구 평균기온이 상승하고 있다고 했지요. 이러한 지구온난화 현상 때문에 오래전부터 우리의 식탁을 채웠던 음식들이 점점 사라지고 있습니다. 환경부가 펴낸 〈한국 기후변화 평가 보고서 2020〉에 따르면, 기온 상승으로 김치의 주재료인 배추와 무의 재배 면적이 지속적으로 감소하고 있습니다. 남부 지역은 2000년대 이후부터, 강원도는 2010년대부터 감소하는 추세라고 해요. 기후변화로 21세기 말이면 쌀은 25% 이상, 옥수수는 10~20%, 여름감자는 30% 이상 생산량이 급감할 것으로 예상됩니다.[8]

수산자원의 경우 이미 남획과 기후변화로 이전에는 많이 잡히던 생선들이 잘 잡히지 않고 있어요. 그래서 유통업체들은 국내산 어류와 맛이나 모양이 비슷한 수산물을 세계 각지에서 찾아 수입하고 있습니다. 노르웨이 고등어, 서아프리카 문어, 세네갈 갈치와 아일랜드 골뱅이 등[9] 원산지만 빼면 우리 식탁에 오르던 것과 크게 다르지 않은 것들이에요.

앞으로 기후변화가 더 진행된다면 우리의 식탁은 어떻게 바뀔까요? 변화한 기후에 맞는 새로운 작물과 수산물이 우리 밥상에 올라올 수도 있겠지만, 오래전부터 먹어 온 음식이 우리 식문화에서 완전히 사라지기는 어려울 겁니다. 그럼 다른 지역에서 난 배추와 감자, 쌀을 수입하면 그만일까요? 하지만 이 과정에서 필연적으로 탄소가 더 많이 배출되고 기후변화는 더욱 심각해질 거예요. 이 악순환의 고리를 끊을 방법은 없을까요?

먹거리가 나에게 오기까지 마일리지를 얼마나 적립했을까?

과도한 탄소배출로 인한 기후위기가 눈앞에 닥치자 사람들은 '**탄소발자국**#'을 계산하기 시작했습니다. 탄소발자국이란 상품이 생산되어 내 손에 오기까지 그 전 과정에서 발생한 탄소를 계산한 것입니다. 환경부는 소비자들이 상품의 탄소발자국을 알 수 있도록 지원하고, 탄소배출량이 적은 제품의 소비를 촉진하기 위해 환경성적표지 제도를 운영하고 있습니다. 탄소발자국 외에 물발자국, 자원발자국 등이 표기되기도 합니다. 2022년

사람이 활동하거나 상품을 생산하고 소비하는 과정에서 직·간접적으로 발생하는 온실가스의 총량을 말한다. 메탄 등은 이산화탄소로 환산되어 최종적으로 CO_2 배출량으로 표기된다. 단위는 kg이고 해당 양만큼을 없애기 위해 우리가 심어야 하는 나무의 수로 환산해 표시하기도 한다.

환경성적표지는 환경과 관련된 종합 성적표라고 할 수 있다. 2009년부터 본격적으로 시행되었으며 탄소발자국 외에도 물발자국, 자원발자국, 오존층 영향이나 산성비, 부영양화, 광화학 스모그 등에 미치는 영향 정도를 표시할 수 있다. 오른쪽은 저탄소제품 인증 마크다.

12월 기준, 음료, 간편식, 과자 등 44개 업체의 181개 상품이 환경성적표지를 받았고, 생수류가 가장 많았어요.[10] 이 중 15개 제품은 저탄소제품으로도 인증받았습니다. 앞으로는 마트에서 장을 볼 때 위 그림과 같은 마크를 한번 찾아보세요.

하지만 환경성적표지 제도는 강제가 아니라 업체에서 자발적으로 인증을 받는 경우에만 표시되기 때문에 모든 먹거리의 탄소배출량을 알기는 어렵습니다. 이때는 원산지와의 거리를 따져 보는 푸드마일리지(food mileage)를 통해 탄소발자국을 대략 짐작해 볼 수 있습니다.

푸드마일리지는 먹거리가 생산되어 소비자에게 오기까지 이동한 거리(km)를 식품 수송량(t)에 곱한 값입니다. 푸드마일리지가 높을수록 환경에는 좋지 않겠지요. 우리나라는 안타깝게도 다른 나라에 비해 식량자급률이 낮아 푸드마일리지가 평균적으로 높을 수밖에 없습니다.

2012년 국립환경과학원이 발표한 자료에 따르면 우리나라의 국민 1인당 푸드마일리지는 2010년 기준 7,085t·km로 우리와 지리적으로 가까운 일본(5,484t·km)보다 높았습니다. 2003년에는 3,456t·km였는데 7년 사이 2배 정도 늘어난 거예요. 음식물 하루 섭취량을 칼로리로 환산했을 때 국내산 농산물이 차지하는 비율인 칼로리 자급률이 한국은 42.5%, 일본은 41.4%(2009~2011년 기준)로 비슷한 것을 고려하면,[11] 우리 식탁을 채우고 있는 먹거리가 일본에서 소비되는 먹거리보다 먼 곳에서 왔으며, 그만큼 탄소도 많이 배출되었다는 사실을 알 수 있어요. 2010년 이후 푸드마일리지에 관한 연구는 아직 나오지 않았는데요. 계속해서 낮아지고 있는 식량자급률과 우리나라가 주요하게 식량을 수입하는 국가들(미국, 호주, 브라질 등)의 위치를 생각해 본다면,[12] 상황이 2010년보다 나아졌다고 보기는 어렵겠습니다.

푸드마일리지를 줄이고 싶다면 주목할 것이 있습니다. 바로 로컬푸드(local food)운동이에요. 로컬푸드는 장거리 운송을 거치지 않은 먹거리를 말합니다. 내가 사는 지역과 가까운 곳에서 재배된 상품을 구입한다면 푸드마일리지가 훨씬 줄어들 수 있습니다. 똑같은 상품이라도 소비자가 어느 지역에 있느냐에 따라 푸드마일리지는 달라지지요. 농·축산업이나 수산업이 자체적으로 이루어지지 않는 도시에 살고 있다면 로컬푸드를 구하기 어렵고, 상대적으로 푸드마일리지도 높게 나오겠지요. 하지만 도시에서도 작게나마 텃밭을 가꾸며 상추나 토마토 등 작물을 얻는다면 어떨까요? 건강은 물론 지구까지 지킬 수 있는 멋진 행동이라고 말할 수 있을 것입니다.

넘쳐 나는 식량, 넘쳐흐르는 음식물쓰레기

오늘날 우리는 과거 어느 때보다도 물질적으로 풍족하게 생활하고 있습니다. 과학기술의 발달로 새로운 농법과 기계가 등장하면서 과거보다 적은 면적에서 훨씬 많은 식량을 생산할 수 있게 되었지요. 식량이 많아진다는 것은 분명 인류에게 축복입니다. 하지만 과연 지구에도 좋은 일일까요?

음식이 비싸고 귀했던 과거에는 육류의 내장이나 채소 껍질까지 적절한 조리법을 활용해 모두 먹었습니다. 어쩔 수 없이 남는 채소의 뿌리나 생선 꼬리, 상한 음식 등 음식찌꺼기는 발효시켜 거름으로 썼지요. 하지만 생산량이 많아지면서 식량 가격이 하락했고 유통업체들은 가격할인이나 원 플러스 원(1+1)과 같은 행사를 통해 판매를 촉진했습니다. 이에 따라 소비자들은 필요한 양보다 더 많은 양의 식품을 구입하게 되었고, 넘치는 식재

음식물류폐기물의 발생 장소와 종류

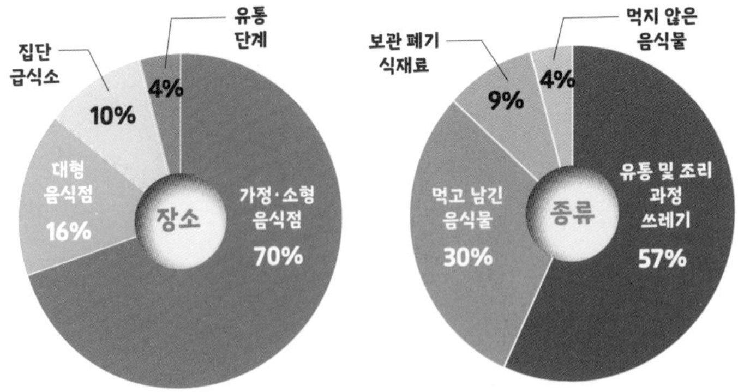

(자료: 환경부)

료를 보관하기 위해 용량이 큰 냉장고와 냉동고를 사들였지요. 한편 외식 또한 일상화되었습니다.

그런데 이 같은 생활양식의 변화로 엄청난 양의 음식물쓰레기가 발생하고 있습니다. 환경부 통계에 따르면 우리나라에서 하루에만 1만 4,314t의 음식물쓰레기가 나오고 있다고 해요.(2019년 기준)[13] 어디서 이렇게 많은 음식물쓰레기가 나오고 있는 걸까요?

환경부에 따르면 전체 음식물쓰레기의 절반 이상이 유통 및 조리 과정에서 생겨납니다. 마트에서는 소비자들의 편의를 위해 식품을 깨끗하게 다듬어 진열하고, 상품이 되기에 모양이 다소 이상한 식품은 폐기하기도 합니다. 또 넉넉히 진열했다가 팔리지 못해 버려지는 식품들도 있습니다. 식당이나 가정에서 식재료를 손질하는 과정에서 버려지는 음식물도 많아요.

다음으로 큰 비중을 차지하는 것은 먹고 남은 음식물입니다. 보관하던 중 기한이 지나 버려지는 음식물이 9%, 먹지 않고 그대로 버려지는 음식물이 4%입니다.[14] 먹거리가 풍족해졌지만, 또 그만큼 먹거리의 가치가 떨어진 것 같아 씁쓸합니다.

세계자연기금(WWF)은 2021년 보고서에서 매년 전 세계에서 생산된 식품의 40%가 먹기도 전에 버려지고 있다고 밝혔습니다. 이렇게 버려진 음식물쓰레기로 인한 온실가스는 전 세계 온실가스 배출량의 약 8%를 차지하는 것으로 추정됩니다.[15] 우리나라는 해마다 음식물쓰레기의 양이 늘고 있는데요,[16] 그만큼 탄소도 더 많이 배출했을 겁니다.

아직 먹을 수 있는 음식물이 버려지지 않으려면 어떻게 해야 할까요? 가장 중요한 것은 필요한 만큼만 사서 남기지 않고 모두 소비하는 것이겠지요. 이외에 제도적 변화도 필요한데요. 2021년 7월, 국회는 2023년부터 식품의 '유통기한 표시제'를 '소비기한 표시제'로 변경하는 내용의 법률 개정안을 통과시켰습니다. 많은 사람이 음식물을 버릴 때 유통기한을 확인합니다. 식품 안전은 국민 모두의 생명과 건강에 매우 중요한 사항이기 때문에 유통기한을 반드시 표시하도록 법으로 정하고 있습니다. 하지만 이는 식품을 판매할 수 있는 기간으로, 보관만 잘한다면 유통기한을 넘기더라도 안전하게 섭취할 수 있어요. 그래서 식품안전정보원은 소비기한 표시제로 바꾸면 소비자와 기업의 지출을 줄일 수 있고, 이렇게 해서 줄어드는 음식물쓰레기 처리 비용까지 고려하면 연간 약 1조 원의 이익이 생긴다고 밝혔습니다.

한편 넘쳐 나는 음식물 중 일부를 좋은 일에 활용할 수 있어요. 즉, 필요한 곳에 쓰이도록 남는 음식을 기부하는 것도 음식물쓰레기를 줄이는 길이지요. 보건복지부 산하기관인 한국사회복지협의회는 푸드뱅크(food bank)를 운영하고 있는데요. 기업이나 개인으로부터 식품이나 생활용품을 기부받아 저소득·소외계층을 지원합니다. 유통기한이 남아 있는 식품을 가까운 푸드뱅크에 기부해 보면 어떨까요? 버려지는 음식물도 줄이고, 함께 사는 일의 가치를 배우는 즐거운 경험이 될 거예요.

버려진 음식물도 다시 보자!

음식을 최대한 남김없이 먹는다고 해도 어쩔 수 없이 버려지는 음식물은 생길 수 있습니다. 그런데 앞서 살펴본 것처럼 음식물쓰레기를 처리하는 과정에서 많은 양의 온실가스가 배출되고 폐수 또한 다량으로 발생합니다. 음식물쓰레기로 인한 이 같은 환경오염을 줄이려면 어떻게 해야 할까요?

우리나라에서는 음식물쓰레기 배출 방법을 어기면 〈폐기물관리법〉에 따라 100만 원 이하의 과태료가 부과됩니다. 그만큼 음식물쓰레기의 올바른 배출이 중요하다는 뜻이겠지요. 음식물쓰레기 배출은 먼저 음식물류폐기물에 해당하는 것을 골라내는 일부터 시작합니다. 많은 지방자치단체가 음식물쓰레기를 퇴비로 재활용하고 있기 때문에 퇴비로 발효되기 어려운 딱딱한 껍데기나 씨, 뼈, 섬유질이 많은 채소 껍질 등은 일반 쓰레기로 버

음식물류폐기물 발생량 및 처리 방법(2016년 기준)

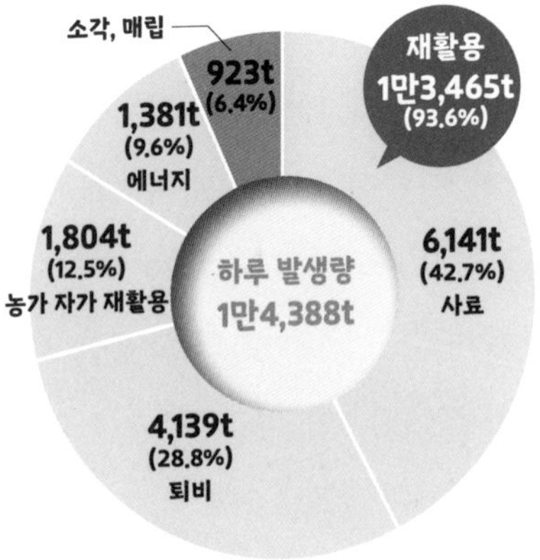

(자료: 환경부)

려야 해요.

수거된 음식물쓰레기는 42.7%가 가축 사료로, 28.8%는 퇴비로 가공됩니다. 농가에서 그대로 재활용하는 비중도 12.5%나 됩니다. 그리고 9.6%는 바이오에너지로 재탄생하기도 합니다.[17] 물기가 많은 음식물쓰레기는 다량의 음식물 폐수(음폐수)가 발생합니다. 음폐수는 고농도 악성 폐수이기 때문에 하천으로 그냥 흘려보내면 독한 오염물질이 되지만, 잘 처리한다면 에너지를 얻을 수 있어요.

환경부 산하기관 수도권매립지관리공사는 음폐수를 처리하는 대표 기관입니다. 처리시설에서 35일간 여러 과정을 거쳐 깨끗한 물로 정화된 음폐수는 발전소 냉각수나 조경용수, 청소용수로 공급됩니다. 또한 음폐수가 정화되는 과정에서 바이오가스가 생산되는데, 이렇게 생산된 바이오가스는 LNG(액화천연가스) 대신 사용할 수 있다고 합니다.[18] 2013년부터 음폐수의 해양 유입이 전면 금지되면서 바이오가스 생산 사업이 시작되었는데요. 2021년 한 해에만 34만t의 음폐수를 처리해 생산한 전력의 판매금액으로 6억 원, LNG 연료 비용 절감으로 42억 원의 이익을 거두었다고 하니 엄청난 소득이지요.[19]

하지만 모든 음폐수가 이렇게 처리되는 것은 아닙니다. 여전히 공공하수처리장이나 소각시설에서도 처리되고 있어요. 또한 최근에는 음식물쓰레기로 만든 사료나 비료의 인기가 줄어 음식물쓰레기 재활용 정책에 변화가 필요하다는 이야기가 나오고 있습니다.[20] 음폐수로 바이오가스를 생산하는 사업은 음식물쓰레기 처리가 친환경적으로 바뀌어 갈 수 있음을 보여 주는 사례라고 할 수 있습니다. 그렇지만 무엇보다 개인개인이 쓰레기 자체를 줄이는 것이 가장 시급하고도 중요한 일이 아닌가 싶습니다.

더 나은 환경을 위한 행동

+ 푸드마일리지를 생각해 로컬푸드를 구입합니다.

+ 일반적으로 육식보다는 채식이 환경에 더 도움이 된다고 하니, 하루 한 끼라도 채식을 실천하면 좋습니다.

+ 만약 고기를 먹고 싶다면 육류별 탄소배출량을 확인해 보세요. 100g당 평균 탄소배출량은 소고기 25kg, 양고기 20kg, 돼지고기 6.5kg, 닭고기 4.3kg입니다.[21]

+ 식당에서 식사할 때는 최대한 음식을 남기지 말고, 남은 것은 포장해서 가져옵니다.

+ 마트에서 식재료를 고를 때 깔끔하게 다듬어지지 않았거나 못생겼더라도 구입합니다. 맛과 영양에는 차이가 없답니다.

+ 식재료를 남김없이 먹을 수 있도록 다양한 조리법을 찾아보세요. 잘라 낸 재료를 버리기 전에 활용 방법을 한번 더 생각해 봅시다.

+ 용량이 적은 냉장고를 사용합니다. 또한 식품별로 적합한 보관법을 알아 두어 상해서 버리는 음식물의 양을 줄여 봅시다.

더 생각해 보기

★ 가정에서 먹고 남은 음식물을 재활용할 방법으로 어떤 것이 있을까요?

★ 내 주변에서 생산되고 있는 로컬푸드의 종류와 판매처를 알아봅시다.

★ 생산과정에서 육류보다 적은 양의 탄소가 배출되는 대체육에 대해 조사해 봅시다.

★ 탄소배출이 적은 식재료(로컬푸드, 대체육 등)를 활용해 일주일 식단을 짜 봅시다.

5장

플라스틱, 골칫덩이에서 새로운 자원으로

#업사이클링 #물리적_재활용 #화학적_재활용 #탄소배출권 #ESG #순환_경제

오늘은 쓰레기를 버리는 날이다. 우리 반 쓰레기통을 들고 쓰레기장에 가자 학생자치 위원 한 명이 종이와 일반 쓰레기, 플라스틱과 캔 등을 분리하라고 시켰다. 쓰레기통 안에는 애들이 먹고 던져 놓은 과자봉지와 페트병, 점심시간에 나왔던 디저트 쓰레기들이 뒹굴고 있었다. 남은 음료가 흘러나와 쓰레기와 뒤엉켜 더 더러워 보였다.

가끔 페트병에 붙은 라벨까지 다 떼라고 하는 선생님도 계시는데 오늘은 그분이 없어서 다행이다. 라벨지를 뗄 때 가장 짜증 나는 경우는 절취선을 따라 뜯어도 절대로 안 떨어지는 것들이다. 접착제가 강해 안 떼어지는 라벨은 어쩔 수가 없으니 선생님도 그냥 버리라고 하신다. 그런데 절취선이 제대로 기능을 못하는 라벨은 결국 조금씩 빙빙 돌려 뜯어내야 해서 시간이 많이 걸린다.

쓰레기 선별을 끝내고 나니 플라스틱이 압도적으로 많았다. 유리나 캔을 넣는 분리수거함은 공간이 많은데 플라스틱 함은 꽉 차서 넘쳤다. 결국 내 차례에 새로운 포대를 가져와야 해서 한참을 기다렸다. 분리수거를 마치고 교실로 돌아오니 벌써 3시 55분이다. 쓰레기 담당이 제일 힘든 것 같다. 다음 달에는 쓸기 담당을 한다고 해야겠다.

플라스틱
유리/병

플라스틱의 역습

요즘 생활쓰레기 분야에 미운 오리 새끼 한 마리가 있습니다. 바로 플라스틱입니다. 플라스틱 뒤에는 항상 안 좋은 소문이 따라다닙니다. '남태평양 한가운데 플라스틱 쓰레기 섬이 있다', '바다거북의 코에 플라스틱 빨대가 끼어 있었다', '죽은 고래의 배를 갈랐더니 플라스틱 쓰레기가 가득했다' 등등. 한때 세기의 발명품으로 칭송받았던 플라스틱이 어쩌다 이렇게 욕을 먹게 되었을까요?

먼저 플라스틱이 무엇인지부터 알아봅시다. 플라스틱은 석유를 이용해 만든 석유화학제품입니다. 원유를 가열해 분리하면 나프타라는 물질이 만들어지는데요, 이를 가열해 액체 상태의 에틸렌과 프로필렌을 만듭니다. 이것을 다시 고체 형태로 만드는 과정에서 다양한 플라스틱 소재가 만들어집니다. 흔히 페트

색깔도 모양도 크기도 다양한 플라스틱 제품들

병이라고 불리는 음료수병에 사용되는 폴리에틸렌 테레프탈레이트(PETE), 세제 통이나 영유아 장난감 등에 쓰이는 고밀도 폴리에틸렌(HDPE), 밀폐용기나 지퍼백에 사용되는 폴리프로필렌(PP), 인조가죽과 비닐 랩 등에 사용되는 폴리염화비닐(PVC) 등이 있습니다.[1]

이처럼 플라스틱은 우리 생활에서 아주 다양하게 활용되며, 장점이 많아요. 플라스틱이라는 말은 '모양을 만들 수 있는'이라는 뜻의 그리스어 '플라스티코스(plastikos)'에서 유래했습니다. 이름에서 알 수 있듯 플라스틱은 원하는 모양으로 마음껏 가공하는 게 가능해 복잡한 구조를 지닌 제품도 쉽게 만들 수 있어요. 또 가볍고 단단한 데다 썩거나 녹슬지 않습니다. 나무, 금속, 유리 등 무엇과 비교해도 더 편리하고 안정적인 소재이지요.[2] 이와 같은 특징 때문에 인류는 플라스틱 발명에 열광했고, 점차 우리가 사용하는 제품 대부분이 플라스틱 소재로 대체되었습니다.

그런데 플라스틱의 가장 큰 장점인 안정성, 즉 썩지 않는다는 그 부분이 문제가 되기 시작했습니다. 플라스틱 쓰레기를 매립할 공간이 부족해진 겁니다. 땅에 묻은 플라스틱이 썩어서 분해되기까지는 500년 이상이 걸려요.[3] 여기서 끝이 아닙니다. 매립이 어려워 소각하면 독한 매연을 내뿜고, 가열하면 환경호르몬이 나옵니다. 생산과정에서 대량의 탄소도 배출되지요.[4] 기후변화로 사람들이 환경에 관심을 갖게 되면서 플라스틱의 장점보다 단점이 부각되었습니다.

넘쳐 나는 플라스틱, 어디로 가야 할까?

오늘날 주요한 문제는 플라스틱 그 자체보다 버려지는 플라스틱이 너무 많다는 점입니다. 경제협력개발기구(OECD)의 보고서에 따르면 2019년 한 해에만 약 3억 5,300만t의 플라스틱이 버려졌습니다. 에펠탑 3만 5,000개를 만들 수 있는 양이라고 해요.[5] 이 가운데 한국인이 배출한 플라스틱 쓰레기는 얼마나 될까요? 안타깝게도 우리나라는 세계에서 플라스틱 쓰레기를 가장 많이 배출하는 국가 중 하나입니다. 우리나라에서 배출하는 플라스틱 쓰레기는 1인당 연간 88kg으로, 우리나라보다 1인당 배출량이 많은 국가는 영국과 미국뿐이에요.[6]

2020년 한 해 동안 우리나라에서는 235억 개의 비닐봉지, 49억 개의 페트병, 33억 개의 플라스틱 컵이 버려졌어요. 235억 개 비닐봉지로는 한반도 면적의 70%를 덮을 수 있습니다. 페트병 49억 개로는 지구 10.6바퀴를 두를 수 있고, 플라스틱 컵 33억 개는 수직으로 쌓으면 달까지 닿습니다. 일회용 플라스틱만 이 정도이니 모든 플라스틱 폐기물을 다 따지면 국토 안에서 처리하는 것은 어림도 없어 보입니다.[7] 최근 배달이나 간편식을 선호하는 1인 가구가 증가하고 코로나19로 비대면 주문이 늘면서 일회용 플라스틱 사용량이 더욱 가파르게 증가하고 있지요.

이 수많은 플라스틱 폐기물은 모두 어디로 갈까요? 2018년 이전까지 전 세계의 폐플라스틱과 폐비닐의 종착지는 중국이었습니다. 중국은 고가의 플라스틱 원료를 사는 대신 어느 정도 깨끗하게 분류된 폐플라스틱을 구입했습니다. 수입한 폐플라스틱은 중국 내 공장에서 재생 원료로 가공돼 샴푸 용기, 요구르트병, 플리스 재킷, 휴대전화 케이스 등을 만드는 데 사용됐어요.[8] 그간 중국이 수입한 재활용쓰레기(폐플라스틱 외 폐지, 금속, 폐비닐도 포함)는 전 세계 재활용쓰레기의 절반에 달하는 양이었습니다.[9]

그런데 2017년 중국 정부는 돌연 재활용쓰레기 수입을 중단하겠다고 선언합니다. 해외의 재활용쓰레기 가운데 상당량이 재활용할 수 없는 물질과 뒤섞인 채 들어와 중국 내 환경오염이 심각하다는 이유에서였지요.[10] 그러자 중국으로 쓰레기를 보내던 세계 각국(주로 유럽과 미국 등 선진국)은 자국에서 배출된 폐플라스틱을 감당하지 못해 골머리를 앓게 되었습니다. 우리나라 또

쓰레기로 가득한 매립지

한 중국에 폐플라스틱을 수출하고 있었는데, 중국의 이러한 조치로 2018년 쓰레기 대란을 겪기도 했어요.[11]

이제 이 플라스틱 폐기물은 어디로 가야 할까요? 우리나라 인구의 절반 이상이 거주하는 수도권(서울·경기·인천)에서 배출된 생활·건설 폐기물은 인천 서구의 수도권 매립지로 대부분 모입니다. 그런데 이곳도 곧 포화 상태에 이른다고 해요. 인천시는 2025년부터 서울과 경기 지역에서 나온 쓰레기를 받지 않겠다고 선언했어요.[12] 새로운 매립장을 신설해야 하는 상황인데, 매립장 부지를 찾기란 시간이 오래 걸리는 매우 어려운 일입니다.

쓰레기매립장은 혐오시설로 인식되는 탓에 누구도 집 근처에 매립장이 들어서는 걸 원하지 않기 때문이에요.

중국의 폐기물 수입 금지 조치는 지금도 이어지고 있고, 오히려 더 강화되고 있습니다. 아마도 중국은 세계의 쓰레기통으로 되돌아가는 선택을 하지 않을 것 같습니다. 행여 쓰레기를 수입하는 또 다른 나라가 나타난다 해도, 선진국에서 처리하지 못한 쓰레기를 개발도상국에 보내는 행위는 도덕적으로 옳지 않습니다. 잘사는 나라의 국민들은 눈앞의 쓰레기를 간단히 치워버릴 수 있으니 무책임하게 쓰레기를 만들게 되고, 이를 수입한 나라의 국민들은 쓰레기에 둘러싸인 오염된 환경에서 살아가게 되기 때문이에요. 또한 선진국은 플라스틱 폐기물 관리 및 재활용 역량이 뛰어납니다. 이러한 기술과 역량이 있는 나라에서 쓰레기를 처리하는 것이 지구환경 측면에서 더 효과적입니다. 플라스틱 쓰레기를 지혜롭게 처리할 방법을 하루빨리 찾아내야 합니다.

플라스틱, 버릴 수 없다면 재활용하자

매립할 장소가 더 이상 없다면 폐플라스틱이 갈 수 있는 경로는 두 가지입니다. 첫 번째는 태우는 것입니다. 플라스틱을 태우면 폐기물이 차지하는 부피를 줄일 수 있습니다. 그럼 폐플라스틱을 쌓아 두는 장소도 조금 여유가 생기겠지요. 또한 폐플라스틱을 태울 때 열회수 기술을 활용하면 연료로도 쓸 수 있습니다. 따라서 국내에서는 이를 재활용으로 분류하고 열적 재활용 기술이라고 부르고 있어요. 그러나 플라스틱을 태우면 독성물질이 나옵니다. 매립에서 소각으로 바꾸는 것은 토양오염을 대기오염으로 맞바꾸는 셈이에요. 이 때문에 많은 국가가 이를 재활용으로 분류하지 않고 있습니다.

두 번째 방법은 폐플라스틱을 재활용하는 것입니다. 플라스틱을 처리하는 가장 좋은 방법이기도 해요. 앞서 살펴본 열적 재활용을 제외하면 재활용 방법은 크게 두 가지, 물리적 재활용과 화학적 재활용이 있습니다. 가장 보편적인 방법인 물리적 재활용부터 알아봅시다.

물리적 재활용은 플라스틱을 잘게 부숴 재생 원료로 만든 후 새로운 플라스틱 제품으로 탄생시키는 방법입니다. 물리적 재활용의 공정을 단순화하면 다음과 같습니다. 우선 재질별, 색깔별로 분류한 폐플라스틱을 깨끗이 세척해 파쇄기에 넣어 분쇄합니다. 분쇄된 플라스틱을 플레이크라고 불러요. 이렇게 만들어진 플레이크를 플라스틱 사출 기계에 넣습니다. 사출 기계는 플라스틱 플레이크를 가열하고 녹여 성형하는 기계예요. 사출 작업이 완료되면 폐플라스틱을 원료로 한 새로운 플라스틱 제품이 탄생합니다.

물리적 재활용으로 만들어지는 플라스틱은 재생 원료로 만든 것이라 원유에서 추출한 원료로 만드는 플라스틱 제품보다 품질이 떨어집니다. 그런데 최근 이를 보완할 수 있는 기술이 등장했어요. 바로 화학적 재활용 기술입니다. 화학적 재활용은 폐플라스틱을 열분해해 순수한 원료 상태로 되돌리는 기술입니다. 품질 저하 없이 반복적 재활용이 가능하다는 아주 큰 장점이 있어요.[13]

석유가 점차 고갈되고 있는 데다 기후변화까지 심각해지는

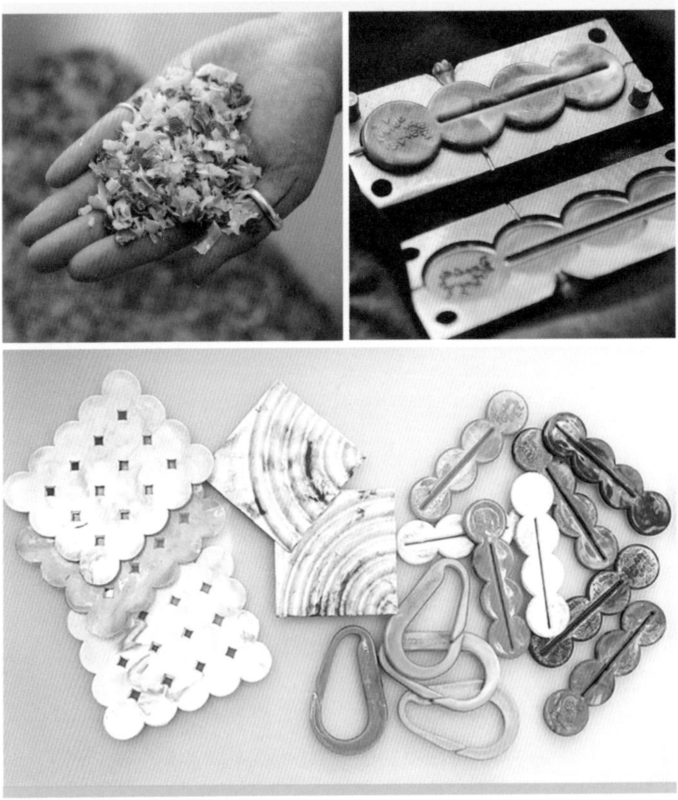

색깔별로 분류해 파쇄한 폐플라스틱 플레이크(왼쪽)를 성형 틀에 넣어 만든 치약 짜개(오른쪽). 서울환경연합은 플라스틱 병뚜껑을 모아 재활용하는 '플라스틱 방앗간' 프로젝트를 진행하고 있다. 플라스틱 방앗간에서 제작한 각종 생활용품(아래)

상황에서 석유화학산업은 사양산업(쇠퇴하는 산업)이 될 것이라 예측됐습니다. 그러나 폐플라스틱이라는 또 다른 금광이 발견되면서 석유화학산업에 새로운 기회가 생겨났어요. LG화학, 롯데케미칼, GS 칼텍스 등 많은 기업이 이미 이 사업에 뛰어들어 기술 선점 경쟁을 펼치고 있습니다.[14]

정부 또한 화학적 재활용을 지원하려 노력하고 있습니다. 예를 들어 폐플라스틱 열분해유를 원료로 활용하는 기업에 **탄소배출권**#을 인정해 주거나, 재생 원료를 사용한 제품은 폐기물부담금(제조업자가 부담해야 하는 폐기물 처리 비용)을 줄여 주는 등 실질적 혜택을 줌으로써 재활용을 장려하는 것이지요. 플라스틱 재활용 기술이 앞으로 어떻게 발전해 나갈지 기대가 됩니다.

탄소배출권은 6대 온실가스를 일정 기간 배출할 수 있는 권리를 말한다. 1997년 채택된 교토의정서의 세 가지 제도(공동이행, 청정개발체제, 배출권거래)를 이행하기 위해 생긴 개념이다. 유엔기후변화협약(UNFCCC)에서 각 국가에 발급하며, 각국 정부는 일정한 기준에 따라 기업에 탄소배출권을 나눠 준다. 주식이나 채권처럼 사고팔 수 있다. 정해진 기간에 할당된 탄소배출권보다 많은 온실가스를 배출한 기업은 초과량만큼 벌금을 내거나, 온실가스 배출을 줄여 탄소배출권이 남은 기업으로부터 배출권을 구입해 벌금을 피할 수 있다.

어떻게 하면 더 많이 재활용할 수 있을까?

플라스틱을 처리하는 방법인 매립, 소각, 재활용 중 가장 좋은 방법은 재활용이라는 점을 알아보았습니다. 그렇다면 과연 우리나라는 플라스틱 재활용을 잘하고 있을까요? 환경단체 그린피스가 환경부 자료를 분석한 결과를 보면, 우리나라 플라스틱 재활용률은 62%이지만 사실 이것은 열적 재활용을 포함한 수치입니다. 즉 이를 제외하면 우리나라의 플라스틱 재활용률은 약 20% 남짓이라고 합니다.[15] 한국이 세계에서 독일 다음으로 폐기물 분리수거와 재활용을 잘한다던데,[16] 왜 플라스틱 재활용률은 20%밖에 안 되는 걸까요?

답은 폐플라스틱과 폐비닐이 배출된 뒤 재활용 공장까지 가는 경로에서 찾을 수 있습니다. 소비자가 분리배출한 플라스틱류는 지자체나 민간 수거업체에서 거둬들여 선별장에 가져갑니다. 선별장에서는 폐기물들을 컨베이어 벨트에 올려놓고 사람이 손으로 일일이 골라내도록 합니다. 계속 쏟아져 나오는 폐기물 틈에서 큰 것 위주로 골라내고 나면 빨대나 병뚜껑, 배달 음식의 비닐을 자르는 플라스틱 칼 등 매우 작은 플라스틱은 그대로 일반 쓰레기로 버려지는 경우가 많습니다. 너무 작아 골라내기 어렵기 때문이죠. 여러 소재가 섞인 폐기물도 다시 일반쓰레기로 분류되어 버려집니다. 가령 볼펜이나 펌핑 용기처럼 금속 스프링이 들어 있거나 잉크 같은 내용물이 남은 경우는 선별 과정에서 일반 쓰레기로 버려집니다.

재질별로 잘 분류되었다 하더라도 폐플라스틱에 이물질이 남아 있다면 재활용 공정에서 문제가 될 수 있습니다. 내용물이 든 채로 버려지는 식초, 간장, 식용유 등 각종 양념통은 재활용 공정을 망치는 주범이지요. 폐플라스틱을 파쇄하기 전 플라스틱을 압축하는 과정에서 이 통들이 터져 주변의 멀쩡한 재활용품까지 못 쓰게 만듭니다. 양념통이나 음료수병에 부착된 각종 라벨도 문제입니다. 보통 라벨은 페트병과 소재가 달라 섞여 들어가면 재생 원료의 품질을 떨어뜨립니다. 소비자가 노력하더라도 기름이나 올리고당처럼 물에 잘 씻기지 않는 내용물도 있고, 아예 캡과 병이 분리되지 않는 제품도 있습니다. 라벨도 접착제 때문에 깔끔히 떨어지지 않는 경우가 많지요. 따라서 플라스틱 재활용이 잘 되도록 하려면 용기를 제작하는 단계에서부터 배출 과정을 고려해야 합니다.

그래도 희소식은 있습니다. 2022년 대한상공회의소가 MZ 세대를 대상으로 실시한 설문조사에 따르면 응답자의 64.5%가 가격이 더 비싸더라도 **ESG 경영**#을 실천하는 기업의 제품을 구매할 의향이 있다고 답했습니다.[17] 소비자가 변화하자 이에 발맞추어 기업도 친환경을 중시하는 방식으로 마케팅 전략을 바꾸고 있습니다. 예를 들어 2020년 롯데칠성음료는 국내 최초로 라벨 없는 생수를 출시했습니다.[18] 소비자들의 반응은 무척 긍정적이었어요. 이에 다른 기업들도 잇따라 무라벨 생수를 출시했고 탄산수와 보리차와 같은 다른 음료군에도 무라벨 병을 확대하고 있습니다.[19] 환경부 또한 라벨 제거가 어렵다는 국민적 요청에 따라 제조업체 10곳과 협약을 체결해 생수 제품의 20%를 무라벨 생수로 전환하는 계획을 밝혔어요.[20]

ESG는 환경(Environmental), 사회(Social), 지배구조(Governance)의 첫 글자를 딴 용어다. ESG 경영이란 금전적 성과만이 아니라 기업이 환경과 사회에 미치는 영향까지 고려하는 경영을 말한다. 친환경적이고 사회적 책임을 다하며 윤리적이고 투명한 경영을 추구한다. 지속가능한 발전을 위한 기업의 사회적 책임이 중요시되면서 전 세계 많은 금융기관이 ESG 평가 정보를 활용하고 있다.

페트병 몸체에 라벨을 사용하지 않은 생수(사진 제공: 롯데칠성음료)

또 캡슐커피를 판매하는 네스프레소는 일회용품을 양산한다는 비판에 직면하자 캡슐을 수거하고 재활용하는 자체 프로그램을 만들었습니다. 소비자가 사용한 캡슐을 자사가 제공하는 봉투에 담아 내놓으면 직접 수거해 캡슐에 쓰인 알루미늄을 자동차 부품 등으로 재활용하고 커피찌꺼기는 거름으로 쓴다고 하네요.[21]

기업은 고객의 반응에 예민할 수밖에 없고, 민주주의사회의 정부는 유권자의 사회적 요구를 거스를 수 없습니다. 내 탓이 아니라고 생각하며 분리배출을 포기하지 않고 계속해서 관심을 갖고 목소리를 낸다면 조금씩 변화될 거예요.

다운사이클링을 넘어서

재활용 제품은 질이 떨어진다는 인식이 있습니다. A4 용지도 누런 재생지보다는 하얀 종이가 좋아 보이지요. 재생지는 색깔도 칙칙하고 표면 질감도 거칠기 때문입니다. 이처럼 본래의 원료로 만든 새 제품에 비해 기능과 가치가 떨어지는 경우를 재활용을 뜻하는 리사이클링(recycling)에, 가치를 낮춘다는 의미인 다운(down)을 합성해 다운사이클링(downcycling)이라고 부릅니다.

그러나 재활용에 다운사이클링만 있는 건 아닙니다. 재생 원료를 사용하지만 제품의 가치를 높이는 재활용도 있어요. 이를 업사이클링(upcycling)이라고 합니다. 어떤 사례가 있는지 살펴볼까요?

네덜란드의 시계 회사 월틱웨이(Waltic Way)는 비닐봉지로 손목시계를 만듭니다. 아르헨티나의 오염된 강에서 비닐봉지를 회

더치피츠의 자전거(왼쪽)와 플리츠마마의 가방(오른쪽)

수한 후 이를 시계의 부품으로 제조합니다. 마찬가지로 네덜란드에 기반을 둔 기업 더치피츠(DutchFiets)는 버려진 자전거 부품이나 폐플라스틱을 재활용한 자전거를 판매하고 있습니다. 또 수명을 다한 자전거가 폐기물이 되지 않도록 100% 재활용이 가능한 플라스틱으로 자전거를 제조한다고 하네요. 국내 브랜드인 플리츠마마는 제주에서 수거된 폐페트병을 재활용해 가방을 제작해 판매하는데 환경에 관심이 많은 20~30대 소비자들에게 큰 호응을 얻고 있다고 해요. 이외에도 최근 여러 패션업체에서 폐플라스틱을 재활용해 신발이나 플리스 재킷 등을 출시하고 있습니다.

부분적인 리사이클링을 넘어 경제구조 전체를 자원순환형

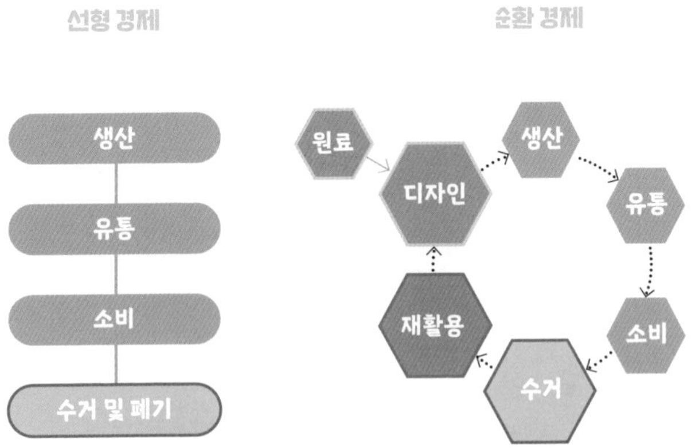

으로 바꾸려는 시도도 있습니다. 지금까지 인류는 자원을 채굴해 물건을 만들고 소비한 후 버리는 방식으로 살아왔습니다. 이렇게 '생산-소비-폐기'로 이어지는 흐름을 선형 경제라고 불러요. 그런데 지구 자원을 계속해서 사용하고 자연에 폐기하는 선형 경제는 이제 한계에 도달했습니다. 자원도 고갈되었을 뿐 아니라 지구가 스스로 정화하는 능력도 잃어 가고 있지요. 이러한 선형 경제의 문제를 극복하기 위해 새롭게 제시된 것이 순환 경제입니다. 순환 경제란 자원을 폐기하지 않고 반복적으로 이용해 경제계에 투입되는 천연자원의 양과 경제계 밖으로 버려지는 쓰레기의 양을 최소화하는 것을 말합니다.

그렇다면 우리는 이 순환 경제를 어떻게 이루어 갈 수 있을까요? 우선 제품의 기획과 디자인 단계에서 재활용을 염두에 두는 것이 중요합니다. 제품을 만드는 데 들어가는 자원의 양을 줄일 수 있게 디자인이나 생산 공정을 개선하는 것이지요. 예를 들어 오비맥주는 맥주 포장에 들어가는 플라스틱 필름 두께를 줄여 연간 플라스틱 필름 96t을 줄였어요.[22] 제품을 폐기할 때 해체와 재사용, 재활용이 쉽도록 하는 일도 필요합니다.

그리고 양념통 중에는 안전한 보관을 위해 병과 뚜껑이 분리되지 않는 경우가 많아요. 그런데 병과 뚜껑은 재질이 다르기도 하고, 분리되지 않으면 배출 전 세척이 어렵습니다. 이 경우 그대로 버려진다면 제대로 재활용될 수 없겠지요. 이 부분을 제작 단계부터 세심하게 고려해 설계하면 소비자들이 재활용에 동참하기가 훨씬 쉬울 거예요.

마지막으로 소비자가 물건을 오래 사용할 수 있도록 수리가 쉽게 만드는 일도 필요합니다. 수리하는 방법에 대한 정보를 충분히 제공하도록 의무화한다면 도움이 되겠지요.

순환 경제는 먼 미래의 이야기가 아니에요. 변화는 이미 시작되었습니다. 유럽연합(EU)은 2015년 순환 경제 실천을 위한 계획을 담은 순환 경제 패키지를 발표했고 2018년 최종 승인했습니다.[23] 순환 경제를 위해 강력한 플라스틱 규제 정책이 필요하다고 느낀 유럽연합은 다양한 방안을 내놓고 있습니다. 먼저 재생 원료가 사용되지 않은 새 플라스틱에는 세금을 부과하기로 했어요. 또 빨대, 일회용 식기류(숟가락, 포크, 나이프) 등 일부 일회용 플라스틱은 아예 유통 및 판매를 금지했어요. 이뿐 아니라 유럽연합 회원국별로 재활용되지 않은 플라스틱 양만큼 분담금을 부과하는 제도 또한 추진하고 있습니다.[24]

기업과 국가 차원에서 속속 변화가 시작되고 있네요. 감당할 수 없을 정도로 쌓여 가는 플라스틱 쓰레기를 줄이기 위해 우리가 일상에서 할 수 있는 일은 무엇이 있을까요? 재활용도 좋지만 결국 쓰레기를 덜 만들어 내는 것이 가장 중요합니다.

우리가 생활하며 가장 많이 배출하는 플라스틱 쓰레기는 아마 화장품, 세제 등의 포장 용기일 겁니다. 최근 플라스틱 포장재 없이 '알맹이'만 살 수 있는 리필 스테이션이 등장하고 있습니다. 플라스틱 용기를 가져가 필요한 제품을 원하는 만큼 리필하는 것이지요. 알맹상점과 같은 제로웨이스트 가게에서 주로 찾아볼 수 있고, 이니스프리나 이마트처럼 기성 브랜드도 몇몇 지점에서 운영하고 있습니다. 아직은 전국에 몇 군데 없지만 이용하는 소비자가 는다면 리필 스테이션도 점점 더 많아질 거예요. 근처에 이런 가게가 없다면 대용량 리필제품을 구매해 조금씩 용기에 덜어 쓰는 것도 방법입니다.

배달음식을 먹을 때도 플라스틱 쓰레기가 무척 많이 나옵니다. 반찬의 종류가 많은 경우 플라스틱 용기가 한 번에 9~10개까지도 나오지요. 조금 불편하더라도 집에서 쓰는 다회용 용기를 가지고 가게를 방문해 포장해 온다면 어떨까요? 이처럼 '용기'를 내서 '용기'에 음식을 담아 달라고 요청하는 것을 '용기내 챌린지'라고 부른다고 해요. 소비자들은 자신의 SNS에 용기내 챌린지를 인증하며 참여를 독려하고 있습니다. 여러분도 한번 도전해 보세요!

더 나은 환경을 위한 행동

- 폐플라스틱 용기는 버리기 전 깨끗이 세척해 배출합니다.
- 분리배출 표시를 확인하고 종류별로 선별해 버립니다.
- 리필 스테이션을 이용해 봅니다.
- 음식을 포장할 때는 다회용 용기를 가져가 담아 옵니다.
- 더 이상 필요하지 않지만 더 쓸 수 있는 물건은 중고 거래를 하거나 기부합니다.

더 생각해 보기

★ 1인 가구의 증가와 플라스틱 사용량 증가는 어떤 관계가 있을까요?

★ 코로나19로 플라스틱 쓰레기는 얼마나 늘었을까요?

★ 재활용이 쉽도록 플라스틱 제품을 설계하려면 어떤 점을 고려해야 할까요? 생활 속에서 아이디어를 찾아 봅시다.

6장

자동차가 멈추면 지구가 숨 쉰다

#온실가스 #광화학스모그 #전기자동차 #공유_자전거 #플뤼그스캄

지우네 차는 몇 분째 주차장을 빙글빙글 돌고 있다. 아빠가 운전 중인 차에 탄 지우도 주차할 자리가 있는지 매의 눈으로 살피지만, 빈자리를 발견하기란 하늘의 별 따기만큼 어렵다. 밤 10시쯤만 되어도 아파트 주차장은 자동차들로 가득 찬다. 그럴 수밖에 없는 것이 한 집당 주차할 수 있는 차량은 1.5대 정도인데 실제로는 두 대 이상 차를 가지고 있는 집들이 많다. 지우네도 자동차가 두 대다. 아빠는 한숨을 내쉬면서 집과는 좀 거리가 있는 상가 앞에 주차해야겠다고 하신다. 차에서 내려 집으로 타박타박 걸어오는 길이 괜히 더 멀게 느껴진다.

집에 도착하니 엄마가 무슨 일이 있었느냐고 물어보신다. 차가 많아 주차하기가 어려웠다고 하니 고개를 끄덕이며 말씀하신다. “아파트를 지을 때 한 집에 한 대 정도 보유할 줄 알고 주차장을 설계했는데 자동차를 여러 대 가진 집이 늘어서 날마다 주차 전쟁이네.” 사실 우리 아파트 주차장만 차가 넘치는 게 아니다. 어느 길에나 차가 많다. 특히 학원 가는 길은 교통체증이 심각하다. 어느 날은 차를 타는 것보다 걸어서 가는 게 더 빠르겠다고 생각한 때도 있다. ‘자동차가 점점 많아지고 주차도 점점 어려워지면 환경에도 좋지 않겠지?’ 지우는 가만히 생각에 잠긴다.

자동차가 불러온 변화

요즘은 자동차를 거리에서 흔하게 볼 수 있지만 50년 전만 해도 그 수가 많지 않았어요. 1970년 약 13만 대였던 자동차 등록대수는 빠르게 증가해 1980년에는 약 53만 대가 되었어요. 2022년 현재 우리나라에는 차가 몇 대나 있을까요? 국토교통부에 따르면 2022년 초 기준 누적 차량 등록 대수는 대략 2,500만 대라고 합니다.[1] 우리나라 인구 2명당 1대의 자동차를 보유하고 있는 셈입니다. 1980년과 비교하면 약 47배 많아졌지요.

자동차가 보편화되면서 우리의 일상생활은 크게 달라졌어요. 사람들은 이제 매일같이 차를 타고 이동합니다. 그 결과 도시는 더 많은 자동차를 수용하는 방향으로 바뀌어 갔어요. 도로는 2차로에서 4차로로 점점 넓어졌고 교외로 가는 고속도로도 놓였지요. 자동차를 주차할 공간도 더 많이 필요해졌어요. 정부는 주택가의 주차 문제를 해결하기 위해 도로 한편에 주차 구획선을 긋고 거주자우선주차제를 시행했어요. 하지만 그로 인해 인도가 좁아져 보행자가 도로를 아슬아슬하게 걸어 다녀야 했습니다. 도로도 주차 공간도 더 넓어졌지만 자동차의 수도 계속 증가해 교통체증과 주차난은 해결되지 않고 있어요.

도시가 자동차로 가득 차게 되면서 대기오염이 심각한 문제로 떠올랐습니다. 1943년 어느 날, 미국 로스앤젤레스에 뿌연 구름이 도시를 메웠습니다. 매캐한 냄새가 나 시민들이 숨을 못 쉴 정도였지요. 당시는 제2차 세계대전 중이었기 때문에 사람들은 일본이 화학무기 공격을 했다고 생각했습니다. 하지만 원인은 자동차배기가스였어요. 자동차배기가스가 햇빛을 받아 유독한 스모그를 형성한 것이었지요. 이러한 **광화학스모그**#는 로스앤젤레스 시민들의 눈, 코, 기도, 폐의 점막을 자극했고, 급기야 가

스모그(smog)는 연기(smoke)와 안개(fog)의 합성어로, 산업혁명 이후 영국 런던에서 발생한 현상을 설명하기 위해 처음 만들어졌다. 1952년 런던에서 5일간 지속된 스모그로 1만 명 이상이 호흡기 및 심장 질환으로 사망했다. 1940년대 미국에서 발생한 광화학스모그는 공장과 자동차에서 나온 배기가스의 탄화수소, 이산화질소가 대기 중에 퍼진 상태에서 자외선이 더해져 화학반응을 일으킨 결과다. 광화학스모그에 노출되면 주로 눈과 관련된 증상이 나타나며 호흡기, 피부, 현기증 등에도 좋지 않은 영향을 미친다.

미세먼지가 가득한 서울

슴 통증을 호소하는 사람들과 눈병 환자가 크게 늘었어요.

이는 다른 나라의 과거 이야기가 아닙니다. 오늘날 우리도 미세먼지, 초미세먼지에 시달리고 있지요. 2019년 서울시 보건환경연구원이 발표한 보고서에 따르면 서울시의 초미세먼지 성분 중 가장 큰 비중을 차지하는 것이 자동차배기가스에서 나온 물질이라고 합니다.[2]

대기오염 외에도 문제는 또 있습니다. 자동차는 온실가스도 다량으로 내뿜습니다. 자동차는 주로 석유와 같은 화석연료로 움직여요. 석탄, 석유, 천연가스 등 화석연료는 현재 세계를 움직이는 가장 중요한 에너지자원이지만 연소 과정에서 나오는 온실가스가 지구온난화의 주요 요인으로 지목되고 있어요.

IPCC에 따르면 산업화가 본격적으로 시작된 1950년 이후 지금까지 70년 동안 지구 평균기온이 1℃가 올랐다고 하는데, 이는 지구 기후변화의 역사에서 경험해 보지 못한 속도라고 해요.[3] 여기서 온도가 더 올라 1.5℃ 이상 상승하면 걷잡을 수 없는 기후변화로 인류는 큰 재앙을 맞을 수도 있다고 합니다. 해수면이 상승하고 태풍, 폭염 등이 빈번해지는 등 기후 재난이 발생하는 것이지요.

전 세계 온실가스 배출량의 약 16%가 교통 부문에서 배출된다고 하니,[4] 자동차를 비롯해 오토바이, 트럭, 비행기 등 화석연료로 움직이는 다양한 교통수단들은 온실가스 배출에 대한 책임이 큽니다. 지구가 더 뜨거워지지 않게 하려면 교통 분야에서 발생하는 온실가스를 줄여야 합니다. 구체적으로 어떤 방법이 있을까요?

내가 선택한 교통수단이 지구의 온도를 바꾼다

온실가스 배출량은 우리가 어떤 교통수단을 선택하느냐에 따라 달라질 수 있습니다. 가족들과 여행을 떠난다고 생각해 볼까요? 자동차를 이용할 수도 있지만, 버스나 기차를 탈 수도 있습니다. 혹은 전기자동차를 탈 수도 있지요. 어떤 것을 택해야 환경에 미치는 나쁜 영향을 가장 많이 줄일 수 있을까요? 옆의 그림을 보면서 함께 생각해 봅시다.

우선 환경에 가장 나쁜 선택은 자동차를 혼자 타는 경우예요. 1인당 이산화탄소 배출량을 줄이고 싶다면 여러 명이 함께 자동차를 이용하는 것이 좋습니다. 휘발유나 경유를 연료로 사용하는 버스는 1km당 약 17.7g의 이산화탄소가 배출되는데 1인당 배출량은 버스에 탄 사람 수에 따라 달라질 것입니다. 이처럼 한 교통수단을 몇 명이 함께 이용하는가에 따라 환경에 미치는

교통수단별 이산화탄소 배출량

(자료: Institute for Sensible Transport)

영향이 달라지므로 교통수단을 선택할 때 인원수와 이동 거리 등 여러 상황을 고려하면 좋겠지요.

환경에 가장 부담이 적은 선택은 목적지까지 걸어서 이동하는 거예요. 걷기는 건강에도 좋습니다. 과거에는 보행자보다 자동차의 통행을 더 우선시해 육교나 지하도를 만드는 데 많은 돈을 투자했어요. 하지만 이제는 자동차가 아니라 보행자를 위한 시설에 투자하고 제도를 만들고자 하는 도시들이 많습니다. 카프리존(car-free zone)이 좋은 예입니다. 카프리존은 도로의 일정 구역에 자동차의 진입을 차단하는 제도예요.

미국 뉴욕의 브로드웨이 타임스퀘어는 자동차의 통행을 막고 광장을 만들어 보행자들이 편하게 다닐 수 있도록 공간을 개선했어요. 그 결과, 2010년 뉴욕시 교통부의 조사에 따르면 광장의 보행 인구가 6~11% 증가하고 보행자 교통사고가 약 35% 감소하는 등 직접적 효과가 나타났다고 해요.[5]

비슷한 예로 서울시의 광화문광장이 있습니다. 광화문광장은 원래 도로 가운데 위치하는 형태였지만, 서쪽 차도를 없애는 공사를 거쳐 2022년 8월 6일, 보행자 친화적인 모습으로 새롭게 개장했습니다. 광장의 넓이가 기존의 2배가 되었고 녹지 또한 3배 이상 늘었습니다. 이렇게 걷기 편하고 보행자에게 안전한 길이 많아진다면 걸어서 이동하는 사람이 더 늘지 않을까요?

버스나 지하철과 같은 대중교통을 이용하는 것도 이산화탄소 배출량을 줄이는 방법이에요. 시민들이 대중교통을 더 많이 이용하도록 하려면 대중교통이 더 빠르고 편리해져야겠지요? 이를 위해 우리나라는 환승할인 제도, 버스전용차로 등을 운영

기존 광화문광장(왼쪽)과 2022년 새롭게 단장한 광화문광장(오른쪽)

하고 있습니다. 오늘날 우리에게 너무 익숙한 통합 환승할인 제도는 2004년에 처음 시작되었어요. 그 전까지는 버스에서 내려 다른 버스를 타거나 지하철을 탈 때, 처음과 똑같은 요금을 내야 했는데 지금은 이용객들이 가장 빠른 경로의 교통수단을 자유롭게 선택해 이용할 수 있지요. 또한 버스전용차로를 운영해 대중교통을 이용하는 사람들이 더 빠르게 이동할 수 있도록 배려하고 있어요.

공유 자전거와 공유 자동차도 탄소배출을 줄이는 좋은 대안이 될 수 있습니다. 현재 전국 각지에 재치 있는 이름을 가진 공유 자전거가 다수 운영되고 있습니다. 서울시의 따릉이, 대전시의 타슈, 광주시의 타랑께, 창원시의 누비자 등이 대표적이지요. 서울시에 따르면 2022년 4월 따릉이 이용 건수가 1억 건을 돌파했다고 해요. 시민들의 적극적 사용 덕분에 지금까지 따릉이를 통해 탄소배출량을 1,968t이나 절감했다고 하네요. 앞으로 자전거도로 등이 잘 마련돼 자전거를 타는 것이 더 안전하고 일상적인 일이 된다면 탄소배출량을 더욱더 줄일 수 있을 겁니다.

공유 자동차도 공유 자전거와 마찬가지로 필요할 때만 빌려 쓰고 반납하는 자동차입니다. 이러한 제도를 카셰어링(car sharing)이라고도 하지요. 서울시에서는 '나눔카'라는 카셰어링 서비스를 운영하고 있습니다.

공유 차를 이용하면 어떤 장점이 있을까요? 우선 차를 구입하는 비용을 아낄 수 있습니다. 그 외에 세차, 수리, 보험 등 자동차 관리 비용을 아낄 수 있으니 차를 자주 사용하지 않는 사람에겐 좋은 선택지가 될 수 있어요. 이렇게 내 차를 구입하는 대신 공유 자동차를 사용하는 사람이 늘면 주차 문제, 도시의 교통체증도 완화할 수 있을 것이고요. 2014년 나눔카 회원 수 및 차량 대수를 기준으로 서울연구원에서 연구한 결과, 나눔카 1대당 승용차 8.5대 감소 및 억제 효과가 나타났다고 해요. 승용차

대신 나눔카를 이용하면 연간 289억 원 이상 가계지출을 절약할 수 있고, 온실가스 배출량은 연간 약 486t을 줄일 수 있다고 합니다.[6]

자동차가 가장 편리한 이동수단이라는 생각을 바꿀 수 있게 여러 시설과 제도가 뒷받침되고, 집집마다 차가 있는 것이 당연하다는 인식이 서서히 달라진다면 교통부문의 온실가스 배출량을 더 많이 감축할 수 있을 거예요.

전기차는 친환경 자동차일까?

지금 도로를 오가는 자동차를 모두 전기차로 바꾸면 자동차를 줄일 필요가 없을까요? 흔히 전기자동차는 '무해한' 자동차로 불립니다. 배기가스를 내뿜지 않아 대기를 오염시키지 않고 또 화석연료도 사용하지 않으니 환경에 나쁜 영향을 주지 않는다고 생각하기 쉬워요. 하지만 전기차의 생산과정, 전기차 충전 에너지의 생산방법, 배터리의 폐기 방법 등을 따져 보면 얘기가 달라집니다.

먼저 전기차의 생산과정을 살펴볼게요. 자동차를 운행할 때만이 아니라 자동차를 생산할 때도 온실가스가 발생합니다. 자동차 공장을 돌리는 에너지가 화석연료로 만들어지는 경우가 많거든요. 게다가 전기차를 움직이는 데 쓰이는 핵심 부품인 배터리의 생산과정에서 엄청나게 많은 온실가스가 배출됩니다. 휘발유차를 만들 때 평균 5.6t의 이산화탄소가 발생하는 반면 전기차는 8.8t의 이산화탄소가 발생한다고 해요.[7] 따라서 향후 이산화탄소 배출을 적게 하는 전기차 배터리 생산기술이 개발될 필요가 있습니다.

혹시 151쪽의 그림을 보면서 전기차의 탄소배출량이 커 의아하게 생각되지 않았나요? 그렇습니다. 전기차를 타도 여전히 화석연료의 문제가 남습니다. 전기차 배터리를 충전할 전기가 화력발전을 통해 만들어졌다면 결국 화석연료를 동력으로 삼는 셈이기 때문이지요. 태양광이나 풍력 등 신재생에너지를 통해 전기를 만드는 방법이 있지만 아쉽게도 2022년 현재 우리나라

서울에너지공사에서 운영하는 양천 솔라스테이션(사진 제공: 서울에너지공사)

에 신재생에너지로 전기를 생산하는 충전소는 몇 군데 없어요. 그중 하나인 서울의 양천 솔라스테이션은 충전소 지붕에 태양광 패널을 설치해 전기를 만든다고 해요. 이렇게 만들어진 전기는 에너지저장장치(ESS)로 옮겨졌다가 전기차 충전에 쓰이고 있어요. 전기차의 전기가 햇빛, 바람 등 재생 가능한 에너지원으로부터 공급되어 진정한 '친환경' 자동차가 될 수 있도록 관련 충전소가 확대되길 기대합니다.

한편, 폐기된 배터리가 환경을 오염시키는 것도 문제입니다. 전기차 배터리는 영구적이지 않기 때문에 주기적으로 교체해야 하는데요. 이 배터리 안에는 코발트, 리튬, 망간 등 인체에 유해한 중금속이 들어 있어요. 국립환경과학원은 전기차 폐배터리를 산화코발트, 리튬, 망간, 니켈 등을 1% 이상 함유한 유독물질로 분류하고 있어요.[8] 폐기된 배터리를 그대로 묻으면 토양과 지하수를 오염시키고, 소각하면 폭발하거나 유해가스를 방출할 위험이 있다는 의미입니다.

전기차 배터리의 사용주기는 보통 7년에서 10년 사이예요. 처음 쓸 때보다 성능이 70% 아래로 낮아지면 주행거리가 줄고 충전 속도도 느려져 교체가 필요합니다. 이 배터리들을 그럼 어떻게 해야 할까요? 배터리 성능이 떨어졌다고 무조건 폐기해야 할까요? 그렇지는 않습니다. 그런 배터리도 가치가 다소 떨어진 것일 뿐 충분히 재사용하거나 재활용할 수 있어요. 여기서 재활용이란 기존의 배터리에서 원자재를 추출해 이를 다시 사용하는 방법을 말합니다. 그리고 재사용이란 폐배터리 상태를 점검한 후 농업용 초소형 전기차의 배터리로 쓰거나 전기자전거, 캠핑용 충전기 등 소형 기기에 다시 사용하는 방법이에요.[9] 전기차 보급이 점점 늘고 있는 만큼 폐배터리를 재사용·재활용할 수 있는 다양한 아이디어가 논의되고 기술 또한 개발되어야겠지요.

게다가 전기차도 대기오염 문제에서 완전히 자유롭지 못합니다. 타이어 마모 때문이에요. 2022년 영국의 한 기관이 타이어 마모로 발생하는 대기오염 입자가 자동차의 배기가스에서 나오는 것보다 1,850배 많다는 연구 결과를 발표했어요. 오염 입자를 분석해 보니 250가지의 화학물질이 검출됐는데 대다수가 발암물질이었습니다.[10] 차체가 무거울수록 타이어 마모 속도가 빨라지는데 전기차는 화석연료를 사용하는 차보다 무거워 더 많은 오염물질이 발생할 수 있습니다.

또한 타이어 마모는 해양 미세플라스틱의 주범이기도 합니다.(177쪽 참고) 합성섬유 세탁에 이어 두 번째 주요 발생원이지요. 또 다른 연구에 따르면 대기 중 미세플라스틱의 84%가 타이어 마모 등 도로에서 발생한다고 합니다.[11]

자동차가 만들어지고 운행되는 기간 전체를 따지면 전기차가 환경에 더 이로울 수 있습니다. 하지만 지금까지 알아본 것처럼 전기차로 바꾸는 것만으로 환경문제가 해결된다는 생각은 환상일 수 있어요. 기술개발도 중요하지만 결국 자동차의 생산과 소비를 줄여 나가는 일도 긴요합니다.

온실가스를 가장 많이 내뿜는 교통수단은 뭘까?

앞서 교통수단별 온실가스 배출량을 살펴봤는데요, 자동차보다 몸집이 큰 비행기가 하늘을 날 때는 어느 정도의 이산화탄소가 배출될까요? 유럽환경청(EEA)에 따르면 비행기를 탄 승객 1명이 1km를 이동할 때 배출되는 이산화탄소는 285g으로 교통수단 중 가장 높은 편이라고 해요. 자동차의 약 3배, 기차의 약 20배에 달합니다.(교통수단별 평균 승객 수로 산출) 전 세계 민간 항공기 운항으로 배출되는 이산화탄소 양은 연간 약 8억t으로 알려져 있어요. 2019년 기준, 항공 부문은 전 세계 온실가스 배출량의 2%를 차지합니다.[12]

이 때문에 비행기를 타지 않고 여행하는 경로를 택하는 사람들이 등장하고 있습니다. 비행기 여행은 부끄러운 일이라는 뜻으로 '**플뤼그스캄**#'이라는 용어도 생겨났지요. 사람들이 비행

기 여행을 되돌아보고 다른 선택을 하도록 이끈 사람은 스웨덴의 환경운동가 그레타 툰베리입니다.[13]

툰베리는 2019년 미국 뉴욕에서 열린 유엔 기후행동 정상회의에 참석하기 위해 태양광 요트를 타고 대서양을 2주간 횡단하기도 했어요. 툰베리로부터 시작된 이러한 행동은 스웨덴 항공업계에 직접적으로 타격을 주었습니다. 스웨덴 철도청에 따르면 2019년 스웨덴 항공기 승객 수가 5% 감소하고, 철도 이용객은 8% 증가했다고 해요.[14]

시민들의 행동으로 관련 정책도 논의가 시작됐습니다. 스웨덴 정부는 스웨덴에서 세 번째로 큰 공항인 스톡홀름 브롬마 공항을 폐쇄하기로 결정했습니다. 플뤼그스캄 캠페인과 코로나19 팬데믹으로 공항 이용객이 줄어들었다는 이유였지요.[15] 프랑스는 2020년부터 프랑스에서 출발하는 모든 비행기에 환경세를

스웨덴의 신조어인 '플뤼그스캄(Flygskam)'은 영어로 풀이하면 Flight Shame, 즉 창피하고 부끄러운 비행기 여행이라는 뜻으로, 항공기 이용 반대 운동을 상징하는 말이다. 플뤼그스캄 운동은 장거리 여행 시 비행기 대신 기차나 배 등 다른 교통수단을 이용할 것을 권장한다. 이와 관련하여 비행기로 여행하는 것을 숨긴다는 뜻의 스뮉플뤼가(Smygflyga)와 비행기 대신 기차를 타면서 갖게 되는 뿌듯함을 말하는 탁쉬크리트(Tagskryt)라는 신조어도 함께 쓰이고 있다.

부과하기로 했어요. 그리고 2021년에는 기차로 2시간 30분 이내에 도착할 수 있는 구간은 국내선 운항을 금지하는 법안을 통과시켰답니다.[16] 네덜란드는 2021년부터 자국 공항을 이용하는 항공 여객에게 1인당 최대 18유로(약 2만 5,000원) 수준의 환경세를 부과할 예정이에요.[17]

그럼 우리나라에서도 플뤼그스캄을 실천할 수 있을까요? 앞서 예시로 든 스웨덴, 프랑스, 네덜란드는 모두 유럽 국가입니다. 유럽 내에서는 비행기 대신 기차로 수월히 이동할 수 있습니다. 아쉽게도 우리나라는 다른 나라로 나갈 때 비행기를 대체할 만한 교통수단이 마땅히 없어요. 그러므로 우리는 해외여행의 횟수를 최대한 줄이되 비행기를 이용할 때는 탄소배출을 줄이기 위해 적극적으로 노력하는 항공사를 선택한다면 좋겠지요. 승객 수용력, 항공기의 연료 효율, 기내 물품의 일회용품 비율 등에 따라 탄소배출 양이 달라지니까요.[18]

항공사와 항공기 종류를 비교해 친환경적인 비행 노선을 알려주는 곳도 있습니다. 항공권 가격 비교 서비스를 제공하는 스카이스캐너는 친환경 옵션을 통해 이산화탄소를 평균보다 적게 배출하는 항공편을 안내해 줍니다. 스카이스캐너에 따르면 이륙과 착륙 시에 이산화탄소가 많이 배출되기에 환경을 고려한다면 직항을 이용하는 것이 좋다고 해요. 만일 비행기를 꼭 타

스카이스캐너가 제공하는 친환경 옵션

야 할 일이 있다면 친환경적인 비행 노선을 선택해 탄소배출량을 줄여 보세요.

더 나은 환경을 위한 행동

- 가까운 거리는 걷거나 자전거를 타고 이동합니다.
- 자동차를 탈 때 목적지나 방향이 같은 친구가 있다면 한 대의 승용차에 함께 타고 갑니다.
- 공유 자전거나 공유 자동차를 적극적으로 이용합니다.
- 비행기로 장거리를 이동하는 경우 가능하면 직항편을 이용합니다.
- 비행기 여행을 할 때는 짐을 가볍게 가져갑니다. 비행기가 무거워질수록 이산화탄소 배출량도 늘어나기 때문입니다.

더 생각해 보기

★ 타이어 때문에 발생하는 오염을 줄일 방법이 있을까요? 좋은 아이디어를 생각해 봅시다.

★ 경유(디젤)와 휘발유(가솔린)의 차이는 무엇인가요?

★ 자동차나 비행기 등에 사용할 수 있는 친환경 연료에는 어떠한 것이 있는지 찾아봅시다.

★ 도로를 달리는 차들은 매연을 내뿜고 도시 공간을 차지합니다. 도로를 지하로 옮긴다면 환경문제를 해결할 수 있을까요?

7장

화려한 패션이 지구에 남긴 그림자

#패스트패션 #울트라_패스트패션 #슬로_패션 #사막화 #미세플라스틱 #캡슐_옷장

오늘은 미루고 미룬 옷장 정리를 하는 날이다. 지우는 깊게 심호흡하고 마스크를 단단히 쓴다. 옷상자를 열자 여름옷들이 꾹꾹 눌러 담겨 있다. 체육대회 때 단체로 맞춘 바지, 여름캠프에서 받은 티셔츠, 용돈을 모아 산 옷들을 한 뭉텅이 꺼낸다. 마음에 들어 자주 입은 옷들은 낡았고, 손이 안 가 몇 번 입지 않은 옷들은 깨끗하다. 이 중에 올해 입을 만한 옷을 찾아본다. 유행이 지난 스키니진과 단체복은 집 밖에 있는 의류수거함에 넣기 위해 따로 빼 두고, 목이 늘어진 티셔츠와 얼룩이 남은 바지는 종량제 봉투에 넣었다. 여름옷이라 부피가 작은데도 봉투가 금방 찼다.

정리를 마친 지우는 기분을 전환할 겸 온라인 쇼핑을 시작한다. '비운 옷장은 새 옷으로 채워야지!' 인플루언서들이 분위기 좋은 장소에서 옷을 입고 촬영한 사진을 쓱 넘긴다. '나도 이런 스타일로 입고 싶어.' 마음에 드는 옷들을 장바구니에 담고 보니 한 달 용돈이 훌쩍 넘는 금액이다. 엄마에게 애교 섞인 목소리로 지원 요청을 한다. 지우의 장바구니를 본 엄마는 "전부 비슷한 옷이네"라며 의류수거함에 넣을 옷들을 뒤적인다. "이 옷도 깨끗하고 더 입을 수 있겠네." 지우가 바로 반박한다. "절대 못 입어요! 완전 촌스럽잖아요. 저도 신상 입고 싶어요!" 질색하는 지우와 그런 지우를 설득하는 엄마의 실랑이가 이어진다.

빠르게, 더 빠르게
패스트패션

외출할 때 여러분은 어떤 옷을 입고 나갈지 자주 고민하게 되나요? 사실 옷이 아무리 많아도 이 고민에서 자유롭지 못할 거예요. 장소나 상황에 맞는 옷을 입어야 할 때도 있고 개성을 표현하고 싶을 때도 있으니까요. 특히 멋지게 옷을 차려입고 싶을 때 제일 고민이 됩니다.

옷을 '멋지게' 입는다고 할 때 대다수 사람은 '유행'을 중요한 기준으로 생각합니다. 유행이 오랫동안 변하지 않는다면 어떤 옷을 입어야 할지 고민할 여지가 적겠지만, 유행은 점점 더 빠르게 변화하고 있어요. 패션산업이 계속해서 새로운 스타일이 유행하도록 적극적으로 움직이기 때문이에요. 패션 기업은 새로운 유행을 만드는 동시에 소비자들이 이 유행을 저렴한 가격을 지불하고 따라갈 수 있게 할 방법을 마련했어요. 바로 패스트패

패스트패션 매장에 다양한 스타일의 상품이 진열되어 있다.

션(fast fashion)입니다.

패스트패션은 유행을 반영한, 상대적으로 저렴한 상품을 신속하게 시장에 유통하는 것을 말해요. 패스트패션 기업들은 옷의 디자인부터 생산, 유통, 판매까지 직접 관리하며 옷을 값싸게, 그리고 빠르게 생산하고 판매합니다. 스페인의 자라(ZARA), 스웨덴의 에이치앤엠(H&M), 일본의 유니클로(UNIQLO), 한국의 탑텐(TOPTEN), 미국의 갭(GAP) 등이 대표적인 패스트패션 기업입니다. 최근에는 2주마다 신제품을 생산하는 울트라 패스트패션까지 등장했다고 해요.

패스트패션 기업 덕분에 우리는 비싼 값을 치르지 않고도 유행하는 옷을 구입할 수 있게 되었어요. 그런데 패스트패션 덕분에 선택의 폭이 넓어진 소비자들은 꼭 필요하지 않은 옷도 여러 벌 구매하곤 합니다. 쇼핑으로 스트레스가 풀리거나 불안한 기분이 사라진다는 사람들도 있지요. 이러한 사람들의 심리를 파악한 패션 기업들은 구입 금액에 따라 회원 등급을 나누어 돈을 많이 쓴 사람에게 더 많은 혜택을 주는 마케팅을 펼치기도 합니다.

필요해서, 할인해서 또는 충동적으로 구매한 옷. 하지만 우리는 옷을 구입하고 몇 번 정도 입을까요? 지금 옷장을 열어 살펴보세요. 지난 1년 동안 그 옷을 입은 횟수를 헤아려 보세요. 자주 입는 옷도 있지만 몇 번 입지 않은 옷들도 자리를 차지하고 있을 거예요. 그런데 한두 번 입고 버리기에 그 옷들은 생각보다 큰 비용을 치르고 만들어집니다.

쉽게 만들어진
옷은 없어요

옷은 무엇으로 만들까요? 여러분이 입고 있는 옷의 안쪽을 보면 흰색 의류라벨이 붙어 있을 거예요. 라벨에는 옷을 관리하는 방법만이 아니라 옷이 어떤 섬유로 만들어졌는지도 적혀 있습니다. 주요 섬유로는 면, 나일론, 울 등이 있지요. 섬유는 실의 재료가 되는 물질에 따라 천연섬유, 합성섬유, 재생섬유 등으로 나눌 수 있습니다.

섬유의 유형

천연섬유	식물성섬유	면, 마 등
	동물성섬유	실크, 모피 등
인조섬유	합성섬유	폴리에스터, 나일론, 아크릴, 스판덱스 등
	재생섬유	레이온, 모달 등

면은 아마 여러분에게 가장 익숙한 섬유일 거예요. 우리가 즐겨 입는 티셔츠나 청바지, 에코백이 주로 면으로 만들어지지요. 그런데 면의 원료인 목화를 재배하려면 물이 많이 듭니다. 목화 1kg을 얻는 데 필요한 물은 약 2만L로, 토마토 1kg을 키울 때보다 약 100배 더 많은 물이 필요합니다.[1] 목화 재배뿐 아니라 원단의 염색과 가공 단계에서도 엄청난 양의 물을 써요. 세계경제포럼(WEF)에 따르면 면 셔츠 한 장을 만들려면 약 2,600L의 물이 필요하고, 청바지 한 벌을 만드는 데는 약 7,500L의 물이 필요하다고 해요. 한 사람이 하루에 물 8잔을 마신다고 할 때, 2,600L는 한 사람이 3년 반 동안 마실 수 있는 양이고, 7,500L는 10년 동안 마실 수 있는 양이지요.[2]

즉 패션산업은 사막화 현상과도 밀접한 관계가 있습니다. 사막화란 사막이 아니었던 지역이 사막으로 변하는 것을 말해요. 아랄해가 대표적 예입니다. 중앙아시아의 카자흐스탄과 우즈베키스탄 사이에 있는 아랄해는 세계에서 네 번째로 큰 호수였습니다.[3] 하지만 20세기 후반부터 아랄해로 이어지는 강(아무다리야강, 시르다리야강)의 물길을 돌려 목화 등 작물을 재배하는 데 사용하면서 호수의 면적이 줄어들기 시작했어요. 목화 재배를 위해 과도하게 물을 끌어다 쓴 결과, 우즈베키스탄은 세계에서 손꼽히는 목화 생산국으로 성장했지만 아랄해의 면적은 이전의

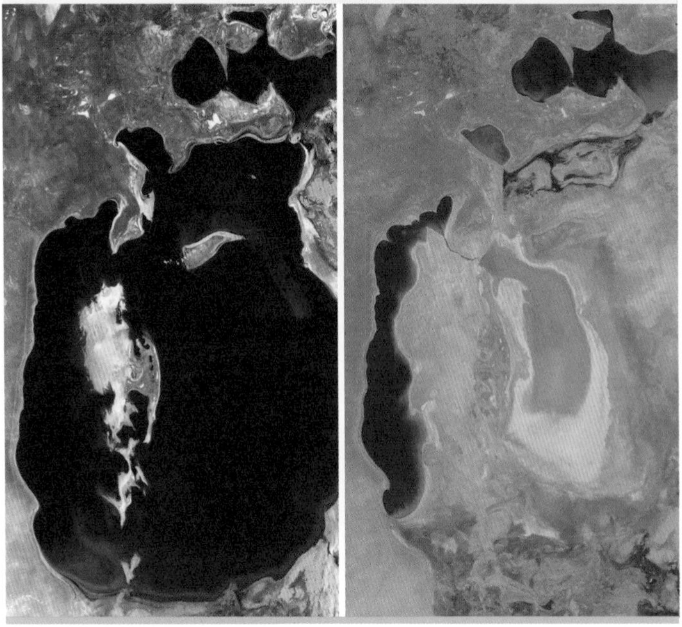

아랄해의 위성 사진. 왼쪽은 1989년, 오른쪽은 2008년에 촬영된 사진이다.

10분의 1 정도로 줄었습니다. 호수가 작아지면서 그곳에 살던 생물들이 대거 멸종했고, 호수 주변 마을에서 살던 사람들은 생계로 삼았던 어업 활동을 그만두어야 했습니다. 또한 호수로 흘러 들어온 비료와 농약이 호수를 더욱 오염시켰고, 사막이 된 호수 바닥의 소금과 모래가 뒤섞인 먼지가 주민들의 건강도 위협했습니다.[4]

그렇다면 면이 아닌 합성섬유를 사용하면 환경파괴를 막을 수 있을까요? 합성섬유를 만들려면 석유에서 재료를 추출해야 할 뿐 아니라, 이 과정에서 많은 양의 전기와 열이 사용되고 온실가스 또한 상당량 배출됩니다. 2019년 영국 의회 환경감사위원회는 면 셔츠가 2.1kg을 배출할 때 폴리에스터로 만든 셔츠는 그 두 배가 넘는 5.5kg을 배출한다고 발표했습니다.[5]

문제는 또 있습니다. 합성섬유로 만든 의류는 세탁기 속에서 서로 엉키고 비벼지는 과정에서 플라스틱 실 조각들이 발생합니다. 이것이 바로 미세플라스틱이에요.[6] 일반적으로 5mm보다 작은 플라스틱을 미세플라스틱이라 말해요. 세계자연보전연맹(IUCN)에서는 해양 미세플라스틱의 주요 발생 원인을 세탁(35%), 타이어 마모(28%), 도시 먼지(24%) 순으로 꼽았습니다.[7] 물론 전 세계 육지와 바다에서 발생하는 모든 미세플라스틱의 양과 그 출처를 면밀히 파악할 수는 없지만, 의류에서 나오는 미세플라스틱이 적지 않다는 사실을 알 수 있습니다.

최근 합성섬유의 비중이 크게 늘면서 문제는 더 가속화되고 있는데요. 국제환경단체 '플라스틱수프재단(Plastic Soup Foundation)'에 따르면 합성섬유이거나 합성섬유가 섞인 혼방 원단이 전체 의복의 63%를 차지한다고 해요.[8] 또한 영국 BBC에 따르면 1950년대 폴리에스터와 나일론 의류를 처음 입기 시작한 이래

해양 미세플라스틱의 주요 발생원

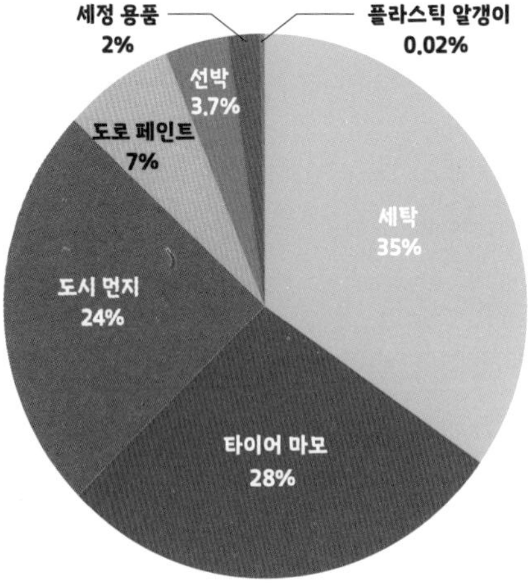

(자료: 환경부)

로 지금까지 합성섬유에서 발생한 미세플라스틱은 560만t으로 추정됩니다. 이 중 절반 이상인 290만t이 강과 바다로 유입됐을 가능성이 있다고 해요. 이는 양털 재킷을 70억 개나 만들 수 있는 엄청난 양이에요.[9]

다행히 몇몇 기업에서 세탁 횟수를 줄이는 방법을 찾고 있어요. 미국 에블리(Ably)에서는 얼룩이나 냄새를 덜 발생시키는 옷을 만듭니다. 한 달 동안 세탁을 하지 않고 입을 수 있는 운동복도 있다고 하네요. 또 캐나다의 언바운드메리노(Unbound Merino)

는 세탁 없이 몇 주 동안 입을 수 있는 양모 제품을 생산합니다. 기업이 환경을 고려해 옷을 생산할 수 있도록 소비자의 관심과 정부의 지원이 필요합니다.

내가 버린 옷은 어디로 갈까?

입지 않는 옷을 처리하는 방법은 다양합니다. 중고 거래를 하거나 기관에 기부하기도 하고, 간단하게 의류수거함에 넣기도 하지요. 그런데 의류수거함으로 들어간 옷은 어디로 가서 어떻게 활용될까요? 의류수거함에 모인 옷들의 발자국을 따라가 보겠습니다.

의류수거함 속 옷들은 수거업체가 가져가 의류 선별장에 판매합니다. 의류의 상태에 따라 보통 1kg당 300원에서 400원 사이에 거래됩니다.[10] 이 가운데 국내의 재사용 가게로 가는 옷은 5% 정도에 불과하고, 95%가 해외로 수출됩니다.[11] 종류와 사이즈를 분류해 여름옷은 아프리카나 동남아시아 국가에, 겨울옷은 중앙아시아에 수출해요. 한국은 세계 5위의 헌 옷 수출국입니다.

칠레 아타카마 사막 근처 마을에 버려진 의류 폐기물

그럼 수출된 옷은 다른 나라에서 새 주인을 만나 잘 쓰이고 있을까요? 수출된 옷들은 현지에서 60% 정도는 재사용과 재판매가 이루어지지만 40%는 쓰레기 매립지로 가고 있어요.[12] 처치 곤란한 옷들은 칠레의 사막, 가나의 해안가 등에 산더미처럼 쌓여 있습니다. 결국 우리가 다른 나라에 의류 쓰레기를 보내고 있는 셈이에요. 게다가 여러 선진국에서 물밀듯이 들어오는 중고 의류 때문에 그 나라의 의류 산업도 피해를 입고 있다고 합니다.[13]

그렇다면 옷을 재활용할 수는 없을까요? 최근 재활용 소재로 된 옷 광고를 본 적 있는데요, 정말 반가운 소식이지요. 하지만 대부분은 옷이 아닌 페트병과 같은 석유화학제품의 폐기물로 만든 것입니다. 페트병 재생 원료를 녹여서 폴리에스터 섬유를 만들 수 있는데 실을 길게 뽑으면 옷으로, 짧게 뽑으면 솜(인형, 소파, 이불)으로 사용할 수 있어요.[14] 재활용을 통해 합성섬유를 생산하면 일반적인 생산방법과 비교했을 때 자원 소비와 온실가스 배출이 적고 쓰레기 또한 줄일 수 있습니다. 그렇지만 에너지를 가장 절약하는 방법은 의류를 의류로 다시 사용하는 방법일 거예요.

하지만 아쉽게도 전 세계에서 의류 소재를 재활용하는 비율은 12% 정도라고 합니다.[15] 옷이 재활용하기 쉽지 않도록 만들어졌기 때문이에요. 여러 종류의 섬유가 혼방된 경우 분리하기가 무척 어렵고, 면 100% 티셔츠라 하더라도 폴리에스터로 된 라벨이나 봉제실 같은 것이 사용됩니다.[16] 의류의 재활용 비율을 높이기 위해서는 기업이 생산단계에서부터 재활용이 용이하도록 옷을 디자인하고 재활용이 쉬운 물질로 제품을 만드는 노력이 필요합니다. 그러나 무엇보다 내가 가지고 있는 옷을 오래 입는 것이 중요하겠지요.

환경을 생각하는 슬로 패션

엄청난 물 소비로 호수가 말라가고, 넘쳐 나는 옷이 갈 곳을 잃고 쌓여 있는 것을 보며 이제 다르게 살고 싶다는 생각이 들지 않나요? 실제로 바로 그 마음으로 시작된 움직임이 있습니다. 바로 **슬로 패션**(slow fashion)[#]입니다.

슬로 패션은 옷의 생산과 소비 속도를 늦춰 보자는 취지에서 등장했어요.[17] 유행을 맹목적으로 따르지 않고 자신에게 잘 어울리는 질 좋은 옷을 구입하고, 한번 산 옷은 잘 관리해 오래

저렴한 의류를 신속하게 만들어 짧은 기간 착용한 후 폐기하는 패스트 패션에 대한 반성으로 등장한 개념이다. 2007년 런던칼리지오브패션의 교수 케이트 플레처(Kate Fletcher)가 처음 제안한 것으로, 친환경적이고 윤리적인 가치를 지향하는 패션 소비경향을 말한다.

입으며, 필요하다면 수선해서 옷의 수명을 늘리는 것입니다. 한편 패션 기업은 오래 입을 수 있는 상품을 디자인하고, 천연재료나 재활용 소재 등을 이용해 환경을 해치지 않는 좋은 제품을 만들어야겠지요. 또한 옷을 만드는 과정에서 노동자와 동물의 권리를 보호하고, 생산 활동에 따른 지역사회의 변화 등을 충분히 고려한다면 지속가능한 패션이 가능할 거예요. 아울러 비건 제품이나 공정무역제품 이용도 좋은 방법일 것입니다. 이제 슬로 패션을 실천하는 사람들을 한번 만나 볼까요?

뉴욕에 사는 디자이너 쉬나(Sheena)는 유행하는 옷을 자주 사는데도 입을 게 없어 매일 고민하는 일상을 바꿔 보고 싶었어요. 그래서 1년간 검정 원피스 하나를 교복처럼 입는 유니폼 프로젝트를 시작했습니다. 검정 원피스 한 벌에 기증받은 옷과 액세서리를 매치해 365일 내내 다른 스타일을 시도했지요. 그는 이 프로젝트를 통해 옷을 사지 않고 아낀 돈과 기부금을 인도에 있는 학교에 전달하기도 했답니다.[18]

옷으로 가득 채워진 옷장을 캡슐 옷장(capsule wardrobe)으로 정리하는 사람들도 있어요. 캡슐 옷장은 내가 잘 입는 옷과 어디든 쉽게 매치할 수 있는 기본 아이템을 선별해 만드는 작은 옷장입니다. 이렇게 옷의 가짓수를 줄이면 자연스럽게 품질이 좋은 옷을 찾게 되고 옷을 구매할 때 지속가능성을 고려하게 된다는 장점이 있어요.[19] 코트니 카버의 책《프로젝트 333》에는 캡슐 옷장으로 일상을 바꾼 사례가 등장합니다. 캐나다에 사는 에린은 캡슐 옷장이 생긴 후 큰 고민 없이 옷을 입을 수 있게 되었고, 창의력을 발휘해 다양한 조합을 만들어 내는 경험을 하게 되어 아주 만족스럽다고 밝힙니다. 미국에 사는 크리스틴은 좋아하는 옷으로만 정리된 옷장 덕분에 외출 준비를 더 빨리 할 수 있게 되었다고 해요.[20]

개인만이 아니라 기업도 슬로 패션을 실천하고 있어요. 아웃도어 브랜드 파타고니아(Patagonia)가 대표적입니다. 파타고니아는 2019년 환경 분야의 노벨상이라 불리는 UN 지구환경대상에서 '기업가 비전' 부문을 수상했는데요,[21] 어떤 활동을 했는지 살펴볼까요?

파타고니아는 2011년 블랙프라이데이를 맞아《뉴욕타임스》에 광고를 하나 실었어요. 이 광고에는 '이 재킷을 사지 마세요(Don't buy this jacket)'라는 문구가 크게 적혀 있었습니다. 상품을 하나라도 더 팔아야 하는 기업이 이런 광고를 내다니, 이상하죠? "우리는 우리의 터전, 지구를 되살리기 위해 사업을 한다"라는 사명을 가진 파타고니아는 소비자들에게도 지구환경을 지키기 위해 꼭 필요하지 않은 소비는 줄이라고 요청한 것입니다.

또한 파타고니아는 옷을 구매하면 여분의 단추나 반짇고리

파타고니아는 무상으로 의류를 수선해 주는 원웨어(Worn Wear) 캠페인을 진행하고 있다. 파타고니아 제품이 아니어도 서비스를 받을 수 있다.

등을 제공해 옷을 스스로 고쳐 입을 수 있도록 하고, 헌 옷을 가져 오면 무료로 수선해 주는 서비스도 제공해요. 그리고 1985년부터는 매출의 1%를 환경단체 후원에 쓰고 있다고 합니다.[22]

슬로 패션은 광고와 물건의 홍수 속에 사는 우리에게 자신이 원하는 스타일이 무엇인지, 나의 선택이 지구환경에 미치는 영향은 무엇인지 생각해 보라는 메시지를 전해 줍니다. 우리는 어쩌면 나에게 어울리는 옷, 필요한 옷이 무엇인지 모르고 살아가고 있을지도 몰라요. '저렴해서', '유행하니까', '남에게 보여 주기 위해' 샀던 옷에서 해방되어 더 자유로워지는 방법인 슬로 패션을 오늘부터 실천해 보는 건 어떨까요?

더 나은 환경을 위한 행동

- 옷을 구매할 때 유행보다는 나의 개성과 취향을 고려하고, 오래 입을 수 있는 질 좋은 상품을 고릅니다.
- 환경, 동물과 노동자의 권리를 고려해 제품을 생산하는 기업의 상품을 선택합니다.
- 세탁 횟수를 줄이면 옷도 덜 망가지고 미세플라스틱 발생도 줄일 수 있습니다.
- 빨래를 할 때는 세탁기를 가득 채워 옷의 마찰을 줄이고, 세탁 망이나 미세플라스틱을 잡아 주는 세탁 볼을 사용합니다. 또 찬물에 세탁하면 미세플라스틱 발생을 줄일 수 있습니다.
- 낡은 옷은 수선하거나 리폼해서 입습니다.
- 더 이상 입지 않는 옷은 교환, 중고 거래, 기부 등의 방법을 통해 옷의 수명을 늘립니다.

더 생각해 보기

★ 옷, 신발, 가방에 담긴 추억을 적어 봅시다.

★ 지금보다 의류 재활용이 활발하게 이루어지려면 무엇이 필요할까요?

★ 옷을 수선하고 리폼하는 데 필요한 도구에는 어떤 것이 있을까요?

★ 의류를 친환경적·윤리적으로 생산하는 기업의 사례를 찾아봅시다.

★ 유엔유럽경제위원회(UNECE)에 따르면 패션산업이 산업 전체 물 소비량의 약 20%를 배출하는, 두 번째로 물 소비가 많은 산업이라고 합니다.[23] 패션산업의 물 소비를 줄이기 위한 방안을 생각해 봅시다.

8장

택배 상자가 전국을 오가는 사이

#탄소흡수원 #재생종이 #외부효과 #국제산림관리협의회 #지속가능한산림경영

학교에서 돌아오니 각종 택배 상자가 현관문 앞을 장악하고 있었다. 지우의 눈길은 자연스럽게 제일 큰 상자로 향했다. 무엇이 들었을까 싶어 송장을 살펴보니 공기청정기다. 요즘 미세먼지가 심각하다며 집에 공기청정기를 들이고 싶다던 엄마의 말이 생각났다. 기다리던 택배가 있는 지우는 설레는 마음으로 작은 상자들을 살펴봤다. 맨 위는 언니가 주문한 책이었고, 그 밑에 세 박스가 지우의 것이었다. 수학여행에서 입을 옷들이었다. 빨리 새 옷을 입어 보고 싶어 마음이 급해진 지우는 현관을 열자마자 가방을 던져 놓고는 곧바로 상자를 뜯어 보았다.

첫 번째 상자는 첫째 날 입을 원피스였다. 비닐에 싸인 원피스의 색감은 일단 합격. 사이즈도 잘 맞았으면 좋겠다. 두 번째 상자를 풀자 원피스 위에 걸칠 재킷이 나왔다. 화면에서 본 그대로다. 세 번째 상자에는 둘째 날 숲길 산책 때 편하게 입을 맨투맨이 들어 있었다. 포장을 다 풀고 나니 현관은 이제 종이상자로 가득 차 당장 내다 놓아야 할 것 같았다. 지우는 한 번에 끝내기 위해 상자를 차곡차곡 모아 아파트 분리수거장으로 갔다. 분리수거장 옆에는 큰 나무가 그늘을 만들어 주고 있었다. 지우는 품에 가득 안은 상자와 그 나무를 번갈아 바라보며 나무가 우리에게 주는 것들에 대해 잠시 생각했다.

아낌없이 주는 나무

숲을 떠올리면 어떤 느낌이 드나요? 우거진 숲에 들어가면 한여름에도 시원한 그늘과 바람을 만날 수 있습니다. 나무들이 이산화탄소를 흡수하고 산소를 배출한다는 사실은 다들 잘 알 거예요. 또 미세먼지도 흡수해 공기를 정화하지요. 그래서 숲속의 공기는 훨씬 상쾌합니다. 이처럼 숲은 휴식을 선사하는 것은 물론 우리가 살아가는 데 꼭 필요한 깨끗한 공기를 제공하는 소중한 존재입니다. 그런데 숲의 역할은 여기서 끝나지 않아요.

숲은 비를 흡수해 정화한 뒤 개천과 강으로 흘려보내 사람과 동물들에게 깨끗한 식수를 제공합니다. 미국 버몬트대 군트 환경연구소 연구팀은 상수원 지역의 숲이 울창할수록 어린이들이 5세 미만 어린이 사망의 주요 원인인 설사병을 앓을 가능성이 현저히 줄어든다고 보고했어요.[1] 또한 숲은 갑작스러운 폭우

목재를 얻거나 농경지 혹은 목축지로 활용하기 위해 파괴되는 산림

로 발생할 수 있는 홍수와 강의 범람, 산사태를 막아 주기도 합니다. 산림청에 따르면 산림토양은 단단한 토양보다 약 20배 이상 빗물을 잘 흡수하고, 식생이 풍부한 숲이 그렇지 않은 숲보다 토사가 유출되는 것을 막는 효과가 85배 높다고 해요.[2]

나무는 아주 유용한 자재이기도 합니다. 우리가 매일같이 쓰는 종이도 나무로 만들어지지요. 종이가 발명된 후 인간은 지식을 더 쉽게 기록하고 전수할 수 있게 되었어요. 이외에도 목재는 땔감, 가구, 집이 되어 인간이 혹독한 추위와 위험을 피해 안락하고 안전한 삶을 살 수 있도록 도왔습니다.

이렇게 고마운 숲이 지금 이 순간 빠른 속도로 사라지고 있습니다. 2015년 한 연구 결과에 따르면 지구에는 3조 400억 그루의 나무가 있다고 하는데요. 많다고 느낄 수 있지만, 이는 인류 문명이 시작된 1만 2,000여 년 전에 비해 절반 가까이 줄어든 수치입니다. 연구팀은 매년 150억 그루의 나무가 인간에 의해 줄어들고 있다고 밝혔어요.[3] 이렇게 숲이 사라지는 일은 오늘날처럼 긴급한 기후위기 대응이 필요한 시기에는 더욱 치명적입니다. 이산화탄소를 흡수하는 숲의 역할 때문입니다.

앞서 3장에서 탄소중립에 대해 알아봤지요. 기후위기를 막기 위해서는 2050년까지 탄소배출을 획기적으로 줄여 탄소중립을 달성해야 합니다. 탄소중립을 달성하는 데 숲은 매우 중요한 역할을 합니다. 숲은 광합성을 통해 이산화탄소를 흡수하고 나무와 토양에 탄소를 저장합니다. 즉 숲은 거대한 이산화탄소 흡수원입니다. 실제로 우리나라 숲은 2018년 국가 전체 온실가스 배출량의 6.3%인 4,560만t을 흡수했다고 해요. 이는 교통부문 배출량의 절반 가까이나 된다고 합니다.[4] 우리의 생명을 지켜 줄 소중한 숲을 보전하기 위해 우리가 해야 할 일은 무엇이고 해결해야 할 문제는 무엇인지 차근차근 알아봅시다.

한국은 종이 과소비 사회

우리는 매일 많은 종이를 사용합니다. 각종 인쇄물, 책, 종이컵, 과자나 화장품 등의 포장 박스, 휴지까지 일상생활에 없어서는 안 될 많은 물건이 종이로 만들어집니다.[5] 종이의 원료인 펄프는 식물 속의 셀룰로스라는 성분을 물리적·화학적 방법으로 뽑아내 만듭니다. 사탕수수 등 비목재 식물에서 추출하기도 하지만, 주로 나무로부터 펄프를 얻지요.

우리나라의 한 해 종이 소비량은 2017년 기준 약 991만t. 나무로 환산하면 약 2억 4,000만 그루에 해당한다고 해요.[6] 심지어 우리나라 사람들은 다른 나라에 비해 종이를 많이 사용하는 편입니다. 한국제지연합회에 따르면 2017년 전 세계 1인당 연간 종이 사용량은 57kg인데, 우리나라는 한 해에 1인당 191.4kg의 종이를 사용한다고 해요.[7] 3배가 훌쩍 넘습니다. 우리는 어디에 이렇게 많은 종이를 사용했을까요?

가장 많이 생산되고 또 소비되는 종이는 택배 박스나 각종 상품 박스 등 포장용 산업 용지입니다. 다음으로는 우리가 일상에서 흔하게 소비하는 복사용지를 들 수 있어요. 그런데 이 복사용지의 45%가 출력한 날 바로 버려진다는 사실, 알고 있나요? 실수로 복사한 경우도 있고, 가정통신문이나 광고물처럼 잠깐 보고 말 내용이라서 받자마자 버려지는 종이들도 있지요. 또 사무실에서 사용하는 각종 회의 자료는 보안을 위해 회의가 끝나면 모두 파쇄하는 것이 일반적입니다.

최근에는 불필요하게 버려지는 복사용지를 줄이려는 노력이 곳곳에서 이루어지고 있습니다. 먼저 많은 학교에서 가정통신문을 스마트폰 앱을 이용해 발행하고 있지요. 각종 기관에서도 전기나 수도 요금, 세금 등 공과금 고지서를 모바일로 받으면 요금을 할인해 주고 있습니다. 또한 공공기관에서는 '종이 없는 회의'라는 자체 실천 지침을 만들어 노력하고 있어요.[8]

하지만 지식과 정보가 중요한 사회에서 가장 기본적인 매체인 인쇄물을 줄이는 일은 쉽지 않습니다. 그렇다면 재생지를 사용하는 것만으로도 벌목되는 나무의 수를 크게 줄일 수 있어요. 재생지는 펄프와 함께 폐지도 원료로 사용하기 때문입니다. 일반적으로 원료의 40% 이상이 폐지인 종이를 재생지라고 불러요.[9] 천연펄프로 종이 1t을 만드는 데 나무 24그루가 필요하다면 재생종이 1t을 만드는 데는 나무 14그루면 됩니다. 일반 용지 대신 재생지를 사용하면 10그루의 나무를 살릴 수 있는 거지요.[10] 재생지의 장점은 이뿐만이 아닙니다. 종이를 만들 때 드는 에너지와 물을 절약할 수 있고, 온실가스와 폐기물 배출량 또한 줄일 수 있습니다.

그런데 우리나라는 공공부문을 제외하고는 재생지를 사용하는 곳의 비중이 매우 낮습니다. 재생지를 자발적으로 사용하

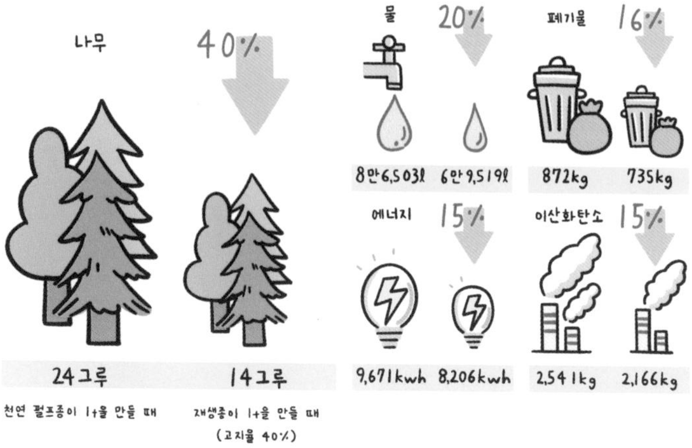

재생지를 사용할 경우 얻을 수 있는 환경보호 효과. 고지율은 재생지에 들어간 폐지의 비율을 말한다.(자료: 환경종이네트워크(The Environmental Paper Network))[11]

려는 사람이 적어, 전체 복사지 시장에서 재생지가 차지하는 비율이 3%가 채 되지 않을 정도로 시장 규모가 매우 작아요.[12] 따라서 재생지의 가격도 상대적으로 비싼 편입니다. 소량 생산으로는 가격경쟁력을 확보하기가 쉽지 않은 것이지요.

사람들은 흔히 재생지가 '가독성을 떨어뜨리고 품질이 낮다'라고 생각합니다. 이러한 소비자의 불신을 해소하고 재활용 제품의 수요를 늘리기 위해 정부는 우수 재활용 제품(GR) 인증 제도를 운영하고 있어요. 재활용 제품의 품질, 친환경성 등을 정부가 인증함으로써 소비자가 재생지와 같은 재활용품을 믿고 구매할 수 있게 돕는 것이지요. 또한 공공기관은 의무적으로 재생지를 사용하도록 하고, GR 인증 제품을 구매하는 기업에 경제적 혜택을 주고 있습니다.[13]

아무도 몰랐던 폐지 재활용의 숨은 조력자

지우가 아파트 분리수거장에서 품에 한가득 안고 있던 택배 상자를 기억하나요? 택배 상자는 재생지로 만들어진 대표적인 상품입니다. 택배 상자를 만드는 골판지는 폐지가 주원료예요. 2020년 국내 총 택배 물량은 33억 7,000만 개.[14] 온라인 쇼핑이 늘고 코로나19로 비대면 주문이 확산하면서 택배 물량은 더욱 늘었습니다. 만일 택배 상자에 폐지가 잘 활용된다면 쓰레기 문제도 해결하고 나무 소비도 줄일 수 있겠지요.

그런데 업계 관계자에 따르면 골판지 공장으로 들어온 폐지 중 최종적으로 재활용되는 것은 50%뿐이라고 해요.[15] 왜일까요? 폐지가 제대로 분리배출 되고 있지 못하기 때문입니다. 예를 들어 우유팩, 종이컵 등의 종이팩은 액체가 새지 않도록 플라스틱 코팅이 되어 있습니다. 따라서 골판지 재료로 쓸 수 없어요. 대신 종이팩으로 잘 분리해 배출하면 화장지 등으로 재활용할 수 있어요. 그런데 우리나라 주택가나 아파트에서는 종이와 종이팩이 섞여 버려지고 있습니다. 종이팩이 섞이면 멀쩡한 폐지의 품질마저 떨어져요.

이 문제를 의도치 않게 해소하고 있는 사람들이 있습니다. 바로 주택가와 빌라촌에서 폐지를 줍는 분들이에요. 이들은 종이 상자만 골라 이물질까지 깨끗이 떼어내 고물상에 팝니다. 그래서 이들의 손을 거친 폐지는 품질이 좋고 재활용률이 매우 높아요.

경제학에는 '**외부효과**#'라는 개념이 있습니다. 한 사람의 행동이 다른 사람에게 의도하지 않은 영향을 미치는데도 어떠한 대가를 받지도 지불하지도 않는 경우를 말해요. 그 영향이 긍정적인 경우를 외부경제, 부정적인 경우를 외부불경제라고 부릅

\# 외부성이라고도 하며 외부경제와 외부불경제로 나뉜다. 한 사람의 행동이 다른 사람에게 의도하지 않은 혜택을 주면서도 이에 대한 보상이 이루어지지 않는 것을 외부경제, 한 사람의 행동이 다른 사람에게 손해를 끼치면서도 이에 대한 책임을 지지 않는 것을 외부불경제라고 한다. 외부성이 존재하는 경우 자원이 효율적으로 배분되지 못하는 시장실패가 발생하게 된다. 이때에는 정부의 개입이 필요하다. 환경을 오염시키는 행위에 세금이나 벌금을 부과하는 것이 외부불경제에 대한 정부개입의 대표적 사례다.

니다. 폐지수집 노동은 외부경제의 좋은 사례예요. 이들은 의도하지 않았지만 품질 좋은 폐지를 공급해 자원이 더 잘 재활용될 수 있도록 돕고, 도시 환경을 깨끗하게 유지하는 데 기여하지요. KBS의 조사에 따르면 폐지수집 노인 1만 5,000여 명의 폐지수집량 추정치는 연평균 총 24만 6,000t. 전국 단독주택 지역에서 나온 폐지의 약 60%를 이들이 수거한다고 해요.[16]

그런데 우리 사회는 이들의 부수적 기여를 인정하지 않습니다. 폐지를 줍는 사람들은 하루 11시간이 넘는 장시간 노동을 하고 주택가와 차도가 구분되지 않는 위험한 환경에 상시 노출됩니다. 이처럼 힘든 환경에서 일하고 그 대가로 받는 돈은 2022년 2월 기준 폐지 1kg당 120원 수준.[17] 하루 50kg의 폐지를 모아도 식사 한 끼 제대로 하기 어렵습니다. 제 가치를 인정받지 못하면 이 노동이 사회적으로 필요한 수준보다 적게 이루어질 수밖에 없어요.

반대로 각종 택배 상자를 소비하는 사람들을 생각해 볼까요? 우리나라 분리배출 규칙에 따르면 상자에 붙은 이물질을 다 떼어 내고 버려야 합니다. 그렇게 하지 않으면 재활용도 어려워지고 도시 쓰레기 문제 또한 악화되죠. 일부 소비자들의 무책임한 배출이 사회에 손해를 끼치고 있지만 아무도 이들에게 책임을 묻지 않습니다. 대표적인 외부불경제 사례지요.

폐지수집 노동자가 길가에서 휴식하고 있다.

만일 손해를 끼친 사람에게는 책임을 묻고 좋은 기여를 한 사람에게는 혜택을 주면 어떨까요? 예를 들어 국가가 분리배출 규칙을 어긴 사람에게 벌금을 부과하고, 이렇게 거둔 돈으로 폐지수집 노동에 보조금을 지원하는 거지요. 그럼 무책임한 행동은 줄고 품질 좋은 폐지의 공급은 늘어날 수 있어요. 게다가 우리나라 폐지수집 노동자들 대부분이 극심한 빈곤에 처한 노인들입니다. 국가가 폐지수집 노동을 지원한다면 자원절약과 재활용 활성화는 물론이고 노인 빈곤 문제도 조금이나마 개선할 수 있지 않을까요?

물론 현재 빈곤에 처한 사람들이 위험하고 고된 폐지수집 노동에 내몰리는 상황을 긍정적으로 볼 수만은 없어요. 단순히 '보조금을 줄 테니 폐지를 더 많이 주워 주세요'라고 말하는 것은 제한적 조치에 불과합니다. 그럼에도 이미 생계에 어려움을 겪는 분들에게 국가보조금은 삶의 질을 끌어올리는 데 도움이 될 수 있어요. 폐지수집 노동자들이 안전하고 인간답게 일할 수 있으려면 무엇이 필요한지도 고민이 더 필요하고요. 최근 국회에서 사회적기업과 연계해 폐지를 시세보다 높은 가격에 구입하는 방법, 공공형 일자리로 편입하는 방법 등 관련 입법 논의가 이루어지고 있다고 하니 앞으로의 변화를 지켜봐야겠습니다.[18]

숲을 이용하는 올바른 방법

스웨덴의 가구 회사 이케아(IKEA)를 들어 봤나요? 이케아는 조립이 쉽고 저렴한 가구를 판매해 소비자들에게 인기가 높습니다. 매년 1억 개 이상의 가구를 생산하는 이케아는 한 해에 세계 산림의 1%를 소비한다고 해요.(2013년 기준)[19] '그럼 다른 가구 회사가 쓰는 목재, 종이, 휴지 등을 만드는 데 들어가는 나무까지 따지면 숲이 남아나지 않는 거 아닐까?' 하는 걱정이 들 거예요.

그런데 나무를 베는 행위가 나쁘기만 한 것은 아니라고 합니다. 숲이 건강해지려면 오히려 나무를 적당히 베어 내야 한다고 해요. 좁은 면적에 나무가 너무 많으면 서로 생장을 방해해 나무들이 병약해지기 때문입니다. 이런 나무들로 이루어진 숲은 물을 제대로 저장하지 못하고 산불에도 취약합니다. 산불이

나면 나무가 저장하고 있던 탄소가 한꺼번에 대기 중으로 방출되어 버리고요. 반면 건강한 나무가 모인 숲은 물을 잘 저장하고 있어 가뭄과 산불에도 강합니다. 또 나무는 베어져 제품으로 만들어져도 여전히 탄소를 저장하고 있어 탄소가 당장 대기로 배출되지는 않아요.

목재 및 펄프 업체들이 나무를 베기만 하는 것도 아닙니다. 대부분은 각국의 산림보호 정책에 따라 벌목한 만큼 나무를 심습니다. 이케아도 세계 산림의 1%를 벌목하고 있다는 비판에 대해 그만큼의 나무를 심고 있다고 해명했지요.[20] 나무를 베는 것이 숲을 위해 필요하고 나무를 베어도 탄소를 저장하며 심지어 기업들이 나무를 계속 심고 있다니, 걱정할 필요가 없는 것 아니냐고요?

나무를 베는 만큼 심는 것으로는 충분하지 않습니다. 숲과 환경을 보호하려면 베어서는 안 될 나무를 보호하는 한편 적절한 나무를 심어 관리해야 해요. 먼저 오래된 나무가 많고 다양한 생명을 품은 원시림을 보호해야 합니다. 원시림은 생물다양성 측면에서 보존 가치가 매우 높을 뿐 아니라 탄소흡수 능력이 탁월합니다. 2018년 국립수목원의 조사에 따르면 크고 오래된 나무들의 연간 탄소흡수량이 일반 나무보다 13배 높다고 해요.[21] 따라서 오래된 나무를 베고, 그 수만큼 어린나무를 심는다면 탄소흡수 기능은 예전보다 못할 수밖에 없지요.

한편 기업들이 규제가 약한 국가의 원시림을 없애고 그 자리에 인공림을 조성하는 경우가 있습니다.[22] 이때 목재나 펄프 생산에 유리한 한 가지 종만 심는데요, 단일 수종의 숲은 자연 상태의 숲과 달리 농경지처럼 관리해야 합니다. 주변에서 엄청난 양의 물을 끌어다 쓰고 병충해를 막기 위해 화학약품을 살포하지요. 1960년대, 브라질의 펄프 회사 아라크루즈 셀룰로스(Aracruz Cellulose)는 브라질 동부 해안의 원시림을 밀어 버리고 대규모 유칼리나무 농장을 세웠어요. 이 농장에서 엄청난 양의 물을 끌어다 쓰면서 이 지역의 강이 말라 버리고, 농장에서 사용한 비료에 물과 땅이 오염되어 살기 어려운 곳이 되었지요.[23]

브라질의 유칼리나무 농장

숲을 건강하게 만들려면 적절히 나무를 베어 주되, 원시림은 보호하고 새로운 나무를 심을 때는 토양이나 인근 하천이 영향을 받지 않도록 주의해야 합니다. 이러한 방식으로 숲을 경영하는 것을 **지속가능한산림경영**#이라고 불러요. 이를 지원하기 위해 국제산림관리협의회(Forest Stewardship Council®, FSC)에서 인증 제도를 운영하고 있습니다. FSC 인증을 받으려면 책임 있는 방식으로 관리되는 숲에서 생산된 목재를 사용하고 목재의 가공, 유통까지 지속가능한 방식으로 운영돼야 합니다.

최근 환경에 관심이 높아진 소비자들의 눈높이에 맞추기 위해 많은 기업이 FSC 인증을 받은 목재를 활용하려고 노력하고 있어요. 앞서 언급한 이케아는 제품에 사용되는 목재 대부분을 FSC가 인증한 숲에서 공급받고 있습니다.[24] 유통업체 무신사와 마켓컬리, 스타벅스 등도 FSC 인증을 받은 포장재, 종이 빨

지속가능한 개발을 산림자원에 적용한 개념으로, 현재와 미래를 위해 산림생태계를 건강하게 유지하고 증진하는 것을 말한다. 지속가능한산림경영의 목표는 산림의 잠재력을 최대화하는 것으로, 구체적으로는 산림생태계의 생산력, 재생력, 종다양성, 생태적 다양성을 가급적 훼손하지 않고 산림의 다양한 가치를 이용하는 것이다. 한국을 포함한 아시아·태평양 지역 12개국은 지속가능한산림경영(Sustainable Forest Management, SFM) 지표를 개발하고 이를 국가 산림경영에 적용하고 있다.

FSC 인증마크와 FSC 인증을 받은 포장 용기. FSC 100%는 모든 원료가 FSC가 관리하는 숲에서 나온 경우, RECYCLED는 100% 재활용 소재로 만들어진 경우, MIX는 FSC 인증 원료가 70% 이상이고 재활용 소재나 관리 소재가 30% 이내로 포함된 경우를 말한다.

대를 사용하고 있지요.[25] 우리도 소비자로서 FSC 인증 제품을 사용하려고 노력하면 좋겠지요. 그러나 더 중요한 것은 나무를, 숲을 '적당히' 소비하는 것입니다. 과연 우리는 적당히 사용하고 있나요?

플라스틱이 환경오염의 주범으로 지목되면서 종이가 그 대체재로 주목받고 있습니다. 플라스틱컵은 종이컵으로, 플라스틱 빨대는 종이 빨대로, 비닐 테이프는 종이테이프로 바뀌고 있어요. 물론 종이는 플라스틱이나 비닐보다 친환경적입니다. 플라스틱은 500년 넘게 썩지 않지만 종이는 썩으니까요.

그러나 종이로 된 일회용품을 무분별하게 생산하거나 사용하면 한정된 숲 자원을 빠르게 고갈시킬 수 있습니다. 일회용 종이컵보다 플라스틱이라도 다회용기를 오랫동안 사용하는 것, 플라스틱 빨대라도 개인용 빨대를 여러 번 씻어 쓰는 것이 환경에 더 도움이 될 수 있어요. 지구 위에서 생명이 살아가는 데 꼭 필요한 숲, 이 터전을 잃지 않도록 오늘부터 숲을 위한 작은 실천을 시작해 보는 건 어떨까요?

더 나은 환경을 위한 행동

- 종이고지서 대신 전자고지서를 받아 봅니다.
- 읽지 않는 월간지는 구독을 해지하고, 필요하다면 온라인 구독을 알아봅니다.
- 공책이나 메모지를 충동적으로 구매하지 않습니다.
- 회의 자료나 발표 자료는 인쇄물로 나눠 주지 말고 화면을 함께 보고 파일로 공유합니다.
- 재생지와 이면지를 적극 사용합니다.
- 택배 상자는 송장, 테이프 등 이물질을 꼭 제거해 버립니다.
- 크고 오래된 나무가 아니라도 좋은 가구가 될 수 있으므로 가급적 원시림을 베어 만든 가구는 구매하지 않습니다.

더 생각해 보기

★ 열대우림에 사는 사람들은 생계를 위해 숲을 태워 농경지로 만들거나 도로를 만듭니다. 그들의 경제적 삶의 질을 높이면서도 숲을 지키기 위해 국제사회는 어떤 조치를 취할 수 있을까요?

★ 폐지수집 노동자들의 삶의 질을 개선하면서 폐지 재활용률을 높일 방안에는 무엇이 있을까요?

★ 일회용 종이컵 사용을 금지할 수 있을까요? 일회용컵 보증금제에 대해 알아보고 일회용품 사용을 줄일 방법을 생각해 봅시다.

1장 스마트폰, 빛나는 화면 뒤에 가려진 진실

1 〈길어진 스마트폰 교체 주기… 삼성·애플 '구독 서비스' 대안 찾기〉, 《뉴데일리경제》, 2022. 4. 5.

2 한국전자제품자원순환공제조합, 〈한국전자제품자원순환공제조합 2020년도 연감〉, 2021, 50쪽〈http://www.k-erc.or.kr/archive/statistics/596〉; 한국전자제품자원순환공제조합, 〈2018년 공제조합 운영보고〉, 2019, 1쪽.

3 〈당신의 스마트폰에 스무개의 도시광산 광맥이 있다〉, 《한겨레》, 2016. 12. 5; Oeko-Institut, Greenpeace, "Resource Efficiency in the ICT Sector", 2016.

4 〈스마트폰 속 콜탄 0.02g… "폰 바꿀 때마다 콩고 주민 죽는다"〉, 《중앙일보》, 2019. 3. 9.

5 〈中 무역전쟁 신무기 '희토류'… 매장량은 북한이 세계 1위?〉, 《중앙일보》, 2019. 5. 23.

6 〈미국선 지원하면서… 갤S·아이폰 '셀프 수리' 국내는 왜 막나〉, 《경향신문》, 2022. 8. 21.

7 위의 기사.

8 〈아이폰·갤럭시 셀프 수리 할 수 있을까… 미·유럽은 '자가 수리' 권리 보장〉, 《세계일보》, 2022. 8. 22.

2장 내 피부에도, 지구에도 좋은 화장품을 찾아서

1 최지현, 《화장품이 궁금한 너에게》, 창비, 2019, 91쪽.

2 〈설현의 꿀 피부 비결 7스킨법이 뭐지〉, 《중앙일보》, 2017. 3. 2.

3 우츠기 류이치, 《화장품이 피부를 망친다》, 윤지나 옮김, 청림라이프, 2013, 79~80쪽.

4 최지현, 위의 책, 95쪽.
5 최지현, 앞의 책, 25쪽.
6 〈[소년중앙] 대세가 된 10대들의 화장 막을 수 없다면 건강하게 하자〉, 《중앙일보》, 2020. 9. 21.
7 최지현, 앞의 책, 231쪽.
8 대한화장품협회 홈페이지〈https://kcia.or.kr/〉
9 최지현, 앞의 책, 197쪽.
10 한국소비자원 보도자료, 〈입술용 화장품에 사용되는 타르색소 기준 강화해야〉, 2020. 3. 31.
11 〈선크림으로 지키는 건강한 여름 피부〉, 《매일신문》, 2021. 6. 21.
12 김민경, 《우리 집에 화학자가 산다》, 휴머니스트, 2019, 196쪽.
13 〈자외선 차단제는 어떻게 산호를 죽였나〉, 《동아사이언스》, 2022. 5. 8.
14 〈자외선 차단제, 산호 이어 어류, 갑각류에서도 문제〉, 《동아사이언스》, 2018. 8. 6.
15 〈자외선 피하려고 바른 선크림… 바다 산호 죽이고 있었다〉, 《매경헬스》, 2022. 7. 14.
16 〈뷰티업계, 바다생태계 보호 제품·캠페인으로 ESG 실천〉, 《이뉴스투데이》, 2022. 6. 2.
17 〈화장품은 어떻게 바다를 오염시킬까?〉, 《그린포스트코리아》, 2022. 8. 17.
18 〈화학연, 세안용 생분해 마이크로비즈 개발〉, 《충청뉴스》, 2021. 10. 13.
19 〈미세플라스틱 '마이크로비즈'는 무엇이며, 제품 성분확인은 어떻게 하나〉, 《케미컬뉴스》, 2019. 11. 27.
20 〈화장품 속 미세플라스틱 줄이려는 노력들〉, 《그린포스트코리아》, 2022. 8. 31.
21 시타 홈페이지〈https://siita.co.kr/sita/philosophy.php〉.

3장 이제는 화석연료에 꽂힌 플러그를 뽑을 시간

1 한국전력공사·산업통상자원부, 〈에너지원별 발전량 현황〉〈https://www.index.go.kr/potal/main/EachDtlPageDetail.do?idx_cd=1339〉.
2 에너지경제연구원, 〈세계 에너지 현안 인사이트〉 제18-2호, 2018, 4쪽.
3 한국에너지공단, 에너지용어사전〈http://www.energy.or.kr/web/kem_home_new/info/dictionary/voca/kem_view.asp?sch_search=&sch_key=dic_word&sch_value=%EA%B0%80%EC%B1%84&h_page=1&q=1399〉.

4 〈[에너지경제상식 시리즈](2)지구상 화석연료의 양은〉, 《한국에너지신문》, 2016. 8. 22.

5 IPCC, *Climate Change 2021: The Physical Science Basis-Summary for Policymakers*, 2021, p. 14.

6 그린피스, 〈신재생에너지와 재생가능에너지, 뭐가 다르지?〉, 2018. 2. 14.

7 신재생에너지(new and renewable energy)는 한국에서만 사용되는 개념이다. 국제적으로는 재생에너지(renewable energy)로 통용된다〈https://www.index.go.kr/unify/idx-info.do?idxCd=4293〉.

8 한국에너지공단, 〈신재생에너지보급실적조사〉, 2020〈https://kosis.kr/statHtml/statHtml.do?orgId=337&tblId=DT_337N_A002&conn_path=I2〉(접속일: 2022. 11. 28.)

9 한국무역협회, 〈EU, 신재생에너지 전력생산량 사상 처음으로 화석연료 상회〉, 2021. 1. 26.

10 애플 홈페이지〈https://www.apple.com/kr/newsroom/2018/04/apple-now-globally-powered-by-100-percent-renewable-energy/〉.

11 〈탄소중립에 원자력은 필요할까… 가열되는 '친환경' 논란〉, 《동아사이언스》, 2022. 2. 18.

12 그린피스, 〈원자력 전문가들 '고준위핵폐기물 대란' 경고〉, 2019. 3. 28.

13 위의 자료.

14 〈[마부작침] 원전이 친환경이라는 EU, 어떻게 생각하나요?〉, 《SBS 뉴스》, 2022. 1. 7.

15 〈윤석열 "탈원전 백지화, 원전 최강국 건설" 한줄공약〉, 《중앙일보》, 2022. 1. 25.

16 〈[마부작침] 원전이 친환경이라는 EU, 어떻게 생각하나요?〉, 《SBS 뉴스》, 2022. 1. 7.

17 〈독일 '친환경에너지 마을' 보봉마을을 가다!〉, 《연합뉴스》, 2015. 7. 5.

18 〈영국은 벌써 탄소 절반을 줄였다? 비법이 궁금한 사람 모여라!〉, 《한국일보》, 2022. 8. 7.

19 〈"온난화 멈추려면 석탄 90%, 석유·가스 60% 땅에 묻어둬야 한다"〉, 《한겨레》, 2021. 9. 9.

4장 아보카도 샌드위치가 지구를 메마르게 한다고?

1 IPCC, *Climate Change and Land*, 2020, p. 476.

2 〈수퍼푸드 아보카도, 영국 식당서 퇴출 움직임… 왜?〉, 《중앙일보》, 2018. 12. 11; 식품의약품안전처 보도자료, 〈식품 등 수입 현황으로 알아본 식생활 트렌드〉, 2021. 12. 28.

3 "How green are avocados?", *CBC News*, 2019. 1. 25.
4 그레이스커뮤니케이션재단(GRACE Communications Foundation)에서 제공하는 물발자국 계산기〈ttps://www.watercalculator.org/〉.
5 〈'팜유'는 친환경?…"열대우림 파괴하는 주범"〉, 《MBC뉴스》, 2022. 3. 2.
6 〈"지금 식량위기?… 10~20년 내 기후위기로 더 큰 충격 온다"〉, 《국민일보》, 2022. 3. 31.
7 〈"배 연료에 세금 더 내라"… IMO 탄소세 추진에 비상 걸린 선사〉, 《매일경제》, 2022. 6. 13.
8 환경부, 〈한국 기후변화 평가보고서 2020-기후변화 영향 및 적응〉, 2020, 152쪽; 157~159쪽.
9 〈세네갈 갈치, 인도 병어… 외국 수산물 급증〉, 《KBS뉴스》, 2017. 3. 16.
10 한국환경산업기술원, 〈환경성적표지 유효 인증현황(2022. 12. 29.)〉.
11 〈[아! 그렇구나] 푸드마일리지〉, 《농민신문》, 2016. 6. 10.
12 〈"곡물값 치솟고 수급 차질 우려… 비상체제 마련해야"〉, 《보건뉴스》, 2020. 12. 30.
13 환경부·한국환경공단, 〈2019 전국 폐기물 발생 및 처리 현황〉, 2020, 23쪽.
14 〈음식물쓰레기 절반은 먹기도 전에 나온다〉, 《한국일보》, 2016. 11. 2.
15 〈10년새 1인당 식품 폐기물 20%↑·처리비용 연 1조… 환경 '발목'〉, 《연합뉴스》, 2021. 12. 22.
16 〈하루 음식쓰레기 2만t 비밀… 4분의 1은 먹기도 전에 버려진다〉, 《중앙일보》, 2022. 1. 17.
17 〈농진청·환경부 '음식물쓰레기 비료화' 놓고 엇박자〉, 《한국일보》, 2019. 3. 12.
18 수도권매립지관리공사 블로그, 〈쓰레기 매립장 및 음식물 쓰레기에서 나오는 폐수는 어떻게 처리하나요?〉, 2019. 8. 14.
19 수도권매립지관리공사 블로그, 〈수도권매립지관리공사, 음식물폐수로 491억 원 수익 창출〉, 2022. 1. 26.
20 〈음식쓰레기로 만든 퇴비·사료, 88% 안 팔려…"공짜로 퍼 준다"〉, 《중앙일보》, 2022. 1. 17.
21 조지나 윌슨 파월, 《그러니까, 친환경이 뭔가요?》, 서지희 옮김, 문예춘추사, 2021, 36쪽.

5장 플라스틱, 골칫덩이에서 새로운 자원으로

1 〈CO_2 잡고, 플라스틱도 만들고!〉, 《한겨레》, 2009. 11. 10.

2 〈플라스틱의 '안정성'이라는 양날의 칼 대체냐 활용이냐, 기술 전쟁 막 올라〉, 《동아비즈니스리뷰》, 2021. 10.
3 환경부, 〈일회용 비닐봉투 썩는데 500년?〉, 2019. 2. 19.
4 〈CO_2 잡고, 플라스틱도 만들고!〉, 《한겨레》, 2009. 11. 10.
5 〈소비량 안 줄이면… "'플라스틱 쓰레기' 2060년엔 3배 는다"〉, 《한겨레》, 2022. 6. 5.
6 〈한국인 1인당 플라스틱 배출량 세계 3위… 연간 88kg〉, 《연합뉴스》, 2021. 12. 2.
7 〈국내 플라스틱컵 사용량 연간 33억개 쌓으면 달까지 닿아〉, 《연합뉴스》, 2020. 1. 4.
8 〈중국이 쓰레기통을 닫은 속사정〉, 《이코노미 인사이트》, 2018. 5. 1.
9 〈중국 재활용 쓰레기 수입금지에 전 세계 아우성〉, 《연합뉴스》, 2018. 1. 12.
10 위의 기사.
11 〈CNN, 의성 '쓰레기산' 보도… "세계최대 플라스틱 소비국의 단면"〉, 《연합뉴스》, 2019. 3. 3.
12 〈'한도초과' 서울 쓰레기, 어디로 가나〉, 《쿠키뉴스》, 2022. 9. 16.
13 〈"플라스틱 재활용품 품질저하 없이 쓰세요"〉, 《매일경제》, 2022. 4. 27.
14 〈고물이 보물로… 폐플라스틱 재활용이 뜬다〉, 《한겨레》, 2022. 5. 13.
15 그린피스, 《플라스틱 대한민국》, 2019, 18~19쪽.
16 〈[세바우]분리수거는 최고 수준인데… 갈길 먼 생산 → 재생 선순환 구조〉, 《서울경제》, 2019. 7. 28.
17 〈MZ세대 64% "비싸도 ESG 실천 기업 제품 구매"〉, 《동아일보》, 2022. 4. 4.
18 〈롯데칠성 '아이시스' 등 무라벨 생수 수직 상승〉, 《식품음료신문》, 2022. 3. 15.
19 〈'무라벨' 생수 뜨거운 반응에 음료로 확대〉, 《한겨레》, 2021. 5. 6.
20 〈생수 무라벨 페트병 비중 연내 20%로 늘린다〉, 《식품음료신문》, 2021. 2. 23.
21 〈네스프레소 커피 리사이클링, 셰프의 테이블에서 꽃피우다〉, 《동아일보》, 2021. 9. 28.
22 〈'필환경시대'… 주류·생수업계 친환경 경영 '급가속'〉, 《아시아타임즈》, 2020. 4. 14.
23 대외경제정책연구원, 〈EU의 순환경제 전략과 플라스틱 사용 규제〉, 2018. 9. 12.
24 〈EU, 플라스틱 제로 사회로 나아가다〉, 《KOTRA 해외시장뉴스》, 2021. 5. 3.

6장 자동차가 멈추면 지구가 숨 쉰다

1 e-나라지표, '자동차등록현황'〈https://www.index.go.kr/unity/potal/main/EachDtlPage

Detail.do?idx_cd=1257〉; 국토교통부 보도자료, 〈자동차 등록대수 2,500만대 돌파… 2명당1대 보유〉, 2022. 4. 13.

2 서울특별시, 〈2020 보건환경백서〉, 2021, 26~27쪽.

3 권승문·김세영, 《오늘부터 시작하는 탄소중립》, 2022, 휴머니스트, 18쪽.

4 〈https://ourworldindata.org/emissions-by-sector〉.

5 유경상·김승준·윤규근, 〈도로 공간재편에 따른 승용차 이용자 행태변화〉, 서울연구원, 2016, 8쪽.

6 고준호, 〈공유도시 상징사업 나눔카 효과평가와 서비스의 운영방향〉, 서울연구원, 2015, 35쪽; 38~39쪽.

7 조지나 윌슨 파월, 《그러니까, 친환경이 뭔가요?》, 서지희 옮김, 문예춘추사, 2021, 202쪽.

8 〈전기차의 배신, 환경오염·아동착취… '보물' 폐배터리, 다시 '살맛'나게〉, 《매일경제》, 2022. 5. 13.

9 〈늘어나는 전기차 폐배터리… 처리 애물단지? 차세대 먹거리!〉, 《경향신문》, 2022. 1. 11.

10 〈"배기가스보다 오염물질 1850배 많아" 발암물질 흩뿌리는 마모된 타이어〉, 《뉴스펭귄》, 2022. 6. 7.

11 〈떠다니는 미세플라스틱 84%는 도로서 발생… 전기차·수소차도 소용없네〉, 《한겨레》, 2021. 4. 15.

12 〈비행기 타기가 창피해… 유럽 항공업계 고민에 빠졌다, 대체 무슨 일이?〉, 《조선일보》, 2019. 11. 22; EEA, *Focusing on environmental pressures from long-distance transport*, 2014, p. 104.

13 조지나 윌슨 파월, 앞의 책, 206쪽.

14 〈지구온난화 가속하는 "부끄러운 항공 여행" 안 할 것〉, 《일다》, 2021. 8. 25.

15 〈이산화탄소 줄이려… 스웨덴, 전국 3위 공항 폐쇄〉, 《조선일보》, 2021. 4. 28.

16 〈툰베리는 비행기도 안 탄다는데… 한국은 공항을 10개나 더 짓는다고요?〉, 《한국일보》. 2021. 9. 29.

17 〈비행기 타기가 창피해… 유럽 항공업계 고민에 빠졌다, 대체 무슨 일이?〉, 《조선일보》, 2019. 11. 22.

18 조지나 윌슨 파월, 위의 책, 207쪽.

7장 화려한 패션이 지구에 남긴 그림자

1 다시입다연구소, 〈패션과 물소비〉, 2021. 7. 26〈https://wearagain.campaignus.me/MAGAZINE/?idx=7365064&bmode=view〉.

2 WEF, "These facts show how unsustainable the fashion industry is", 2020. 1. 31〈https://www.weforum.org/agenda/2020/01/fashion-industry-carbon-unsustainable-environment-pollution/〉.

3 다음백과, '아랄해'〈https://100.daum.net/encyclopedia/view/b14a0850a〉.

4 〈NASA 위성에 잡힌 메마른 아랄해… '옷 탐욕'이 낳은 대재앙〉, 《중앙일보》, 2020. 6. 17.

5 〈나는 오늘 옷을 샀다 기후위기를 샀다〉, 《단비뉴스》, 2021. 10. 31.

6 조지나 윌슨 파월, 《그러니까, 친환경이 뭔가요?》, 서지희 옮김, 문예춘추사, 2021, 96쪽.

7 환경부, 《2020년 환경백서》, 2020, 414쪽. 원출처는 IUCN, Primary Microplastics in the Oceans, 2017, p. 21.

8 고금숙, 《우린 일회용이 아니니까》, 슬로비, 2019, 122~123쪽.

9 〈'냄새·얼룩 없다…100일간 세탁 필요없는 옷'이 개발된 이유〉, 《중앙일보》, 2020. 11. 29.

10 홍수열, 《그건 쓰레기가 아니라고요》, 슬로비, 2020, 186쪽.

11 다시입다연구소, 〈그 많던 헌옷은 어디로 갔을까?〉, 2021. 12. 23〈https://wearagain.campaignus.me/MAGAZINE/?idx=9201310&bmode=view〉.

12 다시입다연구소, 위의 자료.

13 홍수열, 앞의 책, 186쪽.

14 홍수열, 앞의 책, 90~91쪽.

15 〈옷을 재활용하기가 어려운 까닭〉, 《BBC 뉴스 코리아》, 2020. 7. 19.

16 위의 기사.

17 네이버 두산백과, '슬로 패션'〈https://terms.naver.com/entry.naver?docId=6177889&cid=40942&categoryId=32076〉.

18 쉬나의 유니폼 프로젝트 홈페이지〈https://theuniformproject.com/〉.

19 리드레스, 《드레스 윤리학》, 김지현 옮김, 황소자리, 2018, 46쪽.

20 코트니 카버, 《프로젝트 333》, 신솔잎 옮김, 생각지도, 2022, 168쪽, 175쪽.

21 〈환경과 지구를 지킨다, 파타고니아〉, 《한겨레》, 2020. 1. 10.

22 〈미세플라스틱 주범 플리스 자켓, 한 벌이면 충분해〉, 《여성신문》, 2022. 10. 21; 파타고니

아 홈페이지〈https://www.patagonia.co.kr/stories/articleDetail/124〉.
23 〈공정무역&친환경을 입다, 컨셔스 패션〉, 《플래닛타임즈》, 2021. 11. 21.

8장 택배 상자가 전국을 오가는 사이

1 〈숲이 우거질수록 어린이 질병 줄어든다〉, 《사이언스타임스》, 2017. 10. 9.
2 산림청, 〈숲은 어떻게 홍수를 막아줄까요?〉, 2017. 8. 1〈https://kfs4079.tistory.com/17212247〉; 산림청, 〈숲의 산사태 방지 효과, 수치로 증명한다〉, 2020. 9. 2〈https://www.korea.kr/news/pressReleaseView.do?newsId=156409058〉.
3 〈지구상 나무는 총 3조 그루, 1인당 422그루 소지〉, 《동아사이언스》, 2015. 9. 13.
4 〈탄소중립 위해 숲 베어낸다고? '늙은' 나무는 죄 없다〉, 《한겨레》, 2021. 4. 28.
5 종이는 인쇄용지, 산업용지(포장), 위생용지(화장지), 특수지 등으로 구분된다〈http://www.paper.or.kr/sub_3/3_3.php〉.
6 〈[Save the Paper] ①종이 생산은 나무를 베는 데서 시작된다〉, 《그린포스트코리아》, 2018. 8. 1.
7 위의 기사.
8 〈공공기관 '1회용품 사용 줄이기' 법제화된다〉, 《연합뉴스》, 2021. 2. 13.
9 작은것이아름답다 홈페이지〈http://jaga.or.kr/?p=202〉.
10 작은것이아름답다, 〈재생종이에 대해 우리가 아는 것〉, 2012, 2쪽〈https://www.green-paper.org/〉.
11 〈툭하면 걸린다고? 재생 복사지 직접 써보니 달랐다〉, 《한겨레 스페셜》, 2014. 11. 5; 환경종이네트워크(The Environmental Paper Network) 홈페이지에서 고지율(폐지 함유율)에 따른 나무 소비, 에너지 소비 등을 계산해 볼 수 있다 〈https://c.environmentalpaper.org/〉.
12 위의 기사.
13 한국자원순환사업진흥협회 홈페이지〈http://www.gr.or.kr/bbs/content.php?co_id=products&c_type=0〉.
14 〈지난해 국내 택배 물량 33억7000만개… 21% ↑〉, 《한국경제》, 2021. 2. 19.
15 〈김진두 아진P&P 대표 "종이, 너무 대충 버려져… 재활용률 높여야"〉, 《조선비즈》, 2022. 5. 21.
16 〈폐지수집의 사회·경제적 가치는?〉, 《KBS뉴스》, 2022. 3. 23.

17 〈[GPS와 리어카]④ GPS가 알려준 진실 "노인들의 폐지 수집은 사회적 기여였다"〉, 《KBS뉴스》, 2022. 3. 24.

18 〈'폐지수집 노인' 실태 보고서 발간… 국회 입법 시작되나?〉, 《KBS뉴스》, 2022. 9. 14.

19 이는 2013년 조사 결과로, 2019년에는 한 해 2,100만m^3를 사용했다고 한다. 〈가구업체 이케아, 매년 세계 산림 1% 잠식〉, 《한국목재신문》, 2013. 8. 21; 〈이케아, '친환경' 내세우더니… "러시아 불법 벌목 목재 사용"〉, 《세계일보》, 2021. 7. 15.

20 〈가구업체 이케아, 매년 세계 산림 1% 잠식〉, 《한국목재신문》, 2013. 8. 21

21 〈네이처 "오래된 나무가 더 많은 탄소 흡수"〉, 《조선일보》, 2021. 5. 17.

22 작은것이아름답다, 〈평평하고 네모난 원시림〉, 2013. 10. 23〈http://jaga.or.kr/?p=2481〉.

23 맨디 하기스, 《종이로 사라지는 숲 이야기》, 상상의숲, 2009, 198쪽.

24 〈이케아가 환경단체에게 1만 에이커 삼림을 구매한 이유〉, 《임팩트온》, 2021. 1. 22.

25 〈무신사, 제품 배송에 친환경 박스 전면 도입〉, 《한국경제》, 2022. 10. 25; 〈마켓컬리, 종이 박스 및 포장재 'FSC 인증' 획득〉, 《머니투데이》, 2020. 2. 26; 〈'친환경 종이빨대' 코스코페이퍼, 스타벅스에 납품〉, 《한국경제》, 2021. 4. 5.

이미지 출처

36쪽 iFixit(photo by Andy Miller)

77쪽 위키커먼스(ⓒInvadingInvader)

81쪽 위키커먼스(ⓒPetr Pavlicek/IAEA)

86쪽 정산중학교

88쪽 (우) 위키커먼스(ⓒTom Chance)

105쪽 한국환경산업기술원

129쪽 서울환경연합

136쪽 (좌) DutchFiets (우) 플리츠마마

153쪽 (우) 연합뉴스

175쪽 미국항공우주국(NASA)

180쪽 연합뉴스

185쪽 파타고니아코리아

202쪽 연합뉴스

208쪽 (상단) FSC®

- 크레디트 표시가 없는 이미지는 셔터스톡 제공 사진입니다.
- 이 책에 쓰인 이미지 중 저작권자를 찾지 못하여 게재 동의를 얻지 못했거나 저작권 처리 과정 중 누락된 이미지에 대해서는 확인되는 대로 통상의 절차를 밟겠습니다.

지구를 위한 소비 수업

1판 1쇄 발행일 2023년 2월 20일
1판 3쇄 발행일 2024년 5월 20일

지은이 선보라 · 전진현 · 최혜연
기획 대안사회교사모임

발행인 김학원
발행처 (주)휴머니스트출판그룹
출판등록 제313-2007-000007호(2007년 1월 5일)
주소 (03991) 서울시 마포구 동교로23길 76(연남동)
전화 02-335-4422 **팩스** 02-334-3427
저자 · 독자 서비스 humanist@humanistbooks.com
홈페이지 www.humanistbooks.com
유튜브 youtube.com/user/humanistma **포스트** post.naver.com/hmcv
페이스북 facebook.com/hmcv2001 **인스타그램** @humanist_insta

편집주간 황서현 **편집** 이여경 남미은 **디자인** 유주현 **일러스트** 금요일
조판 이희수 com. **용지** 화인페이퍼 **인쇄 · 제본** 정민문화사

ISBN 979-11-6080-964-0 43330